D1118399

TOME 4

STÉPHANE LAPORTE
Chroniques

Catalogage avant publication de Bibliothèque et Archives nationales du Québec et Bibliothèque et Archives Canada

Laporte, Stéphane, 1961-
Chroniques. Tome 4
Fait suite à : Chroniques du dimanche. Tome 3.
ISBN 978-2-89705-268-3
1. Anecdotes. I. Titre.
PN4838.L364 2014   070.4'44   C2014-941202-9

Présidente Caroline Jamet
Directeur de l'édition Éric Fourlanty
Directrice de la commercialisation Sandrine Donkers
Responsable, gestion de la production Carla Menza

Éditeur délégué Éric Fourlanty
Conception couverture et grille intérieure Rachel Monnier
Mise en page Simon L'Archevêque
**Révision linguistique et correction
d'épreuves** Marie-Ève Boulanger-Desbiens
Photo couverture Alain Roberge (*La Presse*)
Communications Marie-Pierre Hamel

L'éditeur bénéficie du soutien de la Société de développement des entreprises culturelles du Québec (SODEC) pour son programme d'édition et pour ses activités de promotion.

L'éditeur remercie le gouvernement du Québec de l'aide financière accordée à l'édition de cet ouvrage par l'entremise du Programme de crédit d'impôt pour l'édition de livres, administré par la SODEC.

Nous reconnaissons l'aide financière du gouvernement du Canada par l'entremise du Fonds du livre du Canada (FLC).

Nous remercions le Conseil des arts du Canada de l'aide accordée à notre programme de publication.

LES ÉDITIONS **LA PRESSE**
Les Éditions La Presse
7, rue Saint-Jacques
Montréal (Québec)
H2Y 1K9

TOME 4

STÉPHANE LAPORTE
Chroniques

LES ÉDITIONS **LA PRESSE**

À mes filleul(e)s, neveux et nièces :
Marjolaine, Valérie, Gabrielle,
Geneviève, Eliot, Charlie et Arnaud.

PRÉFACE

— Patrick, accepterais-tu d'écrire la préface de mon prochain recueil de chroniques ?

— Wow ! Avec plaisir, mon ami. C'est un honneur !

C'est comme ça que tu te fais *pogner* dans la vie. Un petit téléphone que tu n'attendais pas, une demande flatteuse qui te fait sentir privilégié et te voilà embarqué. Comment résumer en quelques mots ce qu'un ami fait pendant des mois, chaque semaine, avec passion et un talent fou.

J'ai fait ce que je fais souvent quand je ne trouve pas mon point de départ, mon angle. Je fouille sur le sujet, comme quand je faisais une « recherche » en 5e année. J'ai donc bêtement commencé par le mot « chronique » : nom féminin. Un article de journal qui traite d'un sujet précis de l'actualité.

Bon, ça commence bien ! C'est pas ce que fait Stéphane ! Il pense qu'il est chroniqueur et c'est complètement faux. Tu ne peux pas parler de l'actualité, et encore moins être précis, quand ton sujet principal, c'est la vie. La tienne, celle des autres, ses beautés, ses injustices, sa cruauté, ses paradoxes, ses souvenirs, ses promesses.

La vie quoi, tout simplement, dans tout ce que ça a de complexe et de passionnant.

Bon, qu'est-ce que je fais? Stéphane vit dans le déni. C'est pas le seul que je connaisse mais là, je suis devenu complice de son mensonge et je me sens mal. Est-ce que je lui dis? C'est dur de dire à quelqu'un qu'on aime que ce qu'il fait depuis des années n'est pas ce qu'il croyait. Je retourne fouiller. C'est peut-être moi qui me suis trompé.

« Chronique » : adjectif. Qui persiste, qui dure. Haaaaa, ça, c'est Stéphane! Si y'en a un qui persiste et signe... et insiste, c'est bien lui. Ouf, ok, je suis soulagé. Il ne fait pas dans « LA » chronique, il fait dans « LE » chronique.

Depuis des années, il se sert de sa plume pour nous parler, nous raconter. Nous faire voir la vie sous un autre angle, le sien, qui souvent devient le nôtre. Il nous parle de notre présent, nous propulse dans le futur ou nous ramène dans le passé, au gré de son plaisir et chaque fois, j'embarque et je le suis avec bonheur et abandon. Il utilise l'humour, l'esprit et l'émotion pour nous partager, avec simplicité, sa vision des choses. Prouvant chaque fois que, contrairement à ce que bien des gens veulent nous faire croire, l'intelligence et la sensibilité ne font pas chambre à part.

Stéphane, c'est en toute amitié que je te dis aujourd'hui la triste vérité. Tu es un observateur, un penseur et un merveilleux raconteur mais pas un chroniqueur. Désolé, mon chum!

— Patrick Huard

TABLE DES MATIÈRES

AIMER

À Trois-Rivières, un adolescent est accusé d'avoir tué la fille de ses désirs, son *chum* et sa sœur, comme ça, froidement, un matin de février. Un présumé complice fait l'objet d'accusations similaires.

Quelques jours plus tôt, pas loin de Québec, un ex frustré aurait tué la mère de ses enfants, son amant et ses deux filles, avant de tenter de s'enlever la vie. Le suspect est toujours dans un état critique à l'hôpital et aucune accusation n'a encore été déposée contre lui.

Joyeuse Saint-Valentin, vous disiez? Non, pas vraiment. Rien ne blesse autant, ne tue autant que l'amour. L'amour malade, l'amour maniaque, l'amour *fucké*. D'ailleurs, ce n'est même plus de l'amour. C'est de l'amour sans le u. C'est de la mort.

Pourtant, en soi, c'est tellement beau aimer.

Il y a huit milliards de personnes sur la Terre. Soudain, on en croise une qui nous plaît. Avec qui on est bien. Tellement qu'on veut l'être souvent. Qu'on veut l'être tout le temps. Par miracle, c'est ce qu'elle veut aussi.

Alors on vit ensemble. Mais les miracles n'ont pas tous la même durée. Il y en a qui dure une nuit, il y en a qui dure une vie. Et il y en a plein qui ne sont pas des vrais miracles, mais que des mirages.

On ne tue pas tous, la personne que l'on aime. Mais on lui fait tous du mal. Un jour ou l'autre. Souvent sans s'en apercevoir. C'est fou, quand on y pense. Il y a tellement de gens qu'on n'aime pas à qui on ne fait jamais rien. Que l'on côtoie très bien. Toujours courtois. Et celle qu'on aime le plus, c'est celle qu'on ménage le moins.

C'est parce que vivre ensemble, c'est tout un chantier. Plus long encore que celui du nouveau CHUM. Parce que tout est toujours à refaire. On peut être parfait le temps d'un souper, d'une sortie cinéma, d'un voyage à Cuba. Mais être parfait au quotidien, c'est impossible. Alors les rapprochements deviennent des frictions. Et le feu de la passion devient le feu au cul.

Que fait-on pour éviter l'usure ? Ce que l'on fait avec toutes les choses qu'on veut garder longtemps. On les protège. On en prend soin. C'est le devoir de chaque amoureux. Protéger son miracle. Car à la seconde, où il le prendra pour acquis, il le perdra.

Protéger, ce n'est pas étouffer. Au contraire. Protéger, c'est permettre de croître. Pour emprunter au Petit Prince, chaque amoureux est à la fois, la rose et le jardinier de la rose aimée.

Ne jamais oublier que la personne qui nous aime ne nous doit pas son amour. Elle peut cesser de nous aimer quand bon lui semble. Ne pas accepter ça, c'est le début de toutes les folies. Croire que quelqu'un est à nous, c'est déraisonné. L'amour n'est pas une prise de possession, l'amour est une donation. Et donner, c'est donné.

Le monde ne tourne pas autour de nous. C'est nous qui tournons sur nous-mêmes. Et parfois, on valse à deux.

L'amour n'est pas simple, même quand il est heureux. Imaginez quand il est malheureux. Quand l'un des deux ne veut pas. Quand l'un des deux ne veut plus. C'est souvent là qu'il se transforme en mépris ou en haine. C'est le mécanisme de défense du rejeté. Qui devient parfois, un mécanisme d'attaque. De vengeance. L'esseulé croit qu'il est celui qui aime encore. C'est tout le contraire.

Aimer est le mot le plus galvaudé qui soit. Calomnier, ce n'est pas aimer. Détruire, ce n'est pas aimer. Tuer, ce n'est pas aimer. Aimer, c'est vivre. Aimer, c'est laisser vivre.

L'amour n'est pas une obsession. L'amour n'est pas une idée fixe. L'amour est une idée qui bouge. Parfois quelqu'un change d'idée. Alors, c'est à nous de changer de quelqu'un. L'amour ne se force pas. Quand il se force, ce n'est pas de l'amour. C'est de la comédie ou du drame.

Les crimes passionnels ne sont pas des gestes d'amour. Ce sont des gestes d'égoïsme. De l'égoïsme, puissance un milliard. C'est un *ego trip*, un *ego bad trip*.

Si les faits divers de Trois-Rivières et de Lotbinière nous bouleversent autant, c'est parce qu'ils nous montrent les ténèbres de l'âme humaine. Le déséquilibre qui fait osciller un être entre l'amour et la démence.

Il y a trop de gens troués. Trop de gens à raccommoder.

Comment apprend-on à aimer?

On apprend à aimer, à nos premiers jours, comme on apprend à boire ou à manger. En imitant ceux qui le savent déjà. Le problème, c'est que ceux qu'on imite, aiment souvent tout *croche*. Alors on aime tout *croche* aussi. Mais on a toute la vie pour s'améliorer.

On s'applique tellement pour des choses moins importantes, qu'on devrait passer beaucoup plus de temps à s'appliquer à aimer.

Plus il y aura des exemples d'amour bien vécu, d'amour bien donné, d'amour bien reçus, plus il y aura de gens qui aimeront mieux.

L'amour, c'est contagieux.

Le problème, c'est que l'horreur, aussi.

Que faire devant tous ces crimes odieux?

Il n'y a qu'une façon de se protéger; c'est de s'aimer.

Joyeux 15 février.

Car c'est chaque jour qu'il faut s'aimer.

ÊTRE LA MÈRE DE SA MÈRE

Ma sœur Dominique revient du boulot. Elle descend du métro et marche rue Monkland. Elle appelle ma mère :

« Qu'est-ce que tu aimerais manger, ce soir ?

— Je prendrais bien un petit poulet de Cornouailles.

— Ça s'en vient ! »

Notre mère aura bientôt 89 ans. Ses reins ne fonctionnent presque plus. Elle fait elle-même sa dialyse quatre fois par jour. Elle ne sort plus de chez elle. Elle se promène dans les livres, en musiques et en souvenirs.

Dominique finit ses courses et rejoint la maison. Comme tous les soirs, avant de rentrer chez elle, elle rentre chez ma mère. Ma mère habite en bas de chez ma sœur. Ou plutôt, ma sœur habite en haut de chez ma mère.

« Bonsoir maman ! » Bisous sur les joues, Dodo replace les oreillers, met les fleurs qu'elle vient de lui acheter dans un vase et se dépêche de préparer le souper.

Elles mangent ensemble en regardant Questions pour un champion. Ma sœur raconte ses problèmes à l'ouvrage. Ma mère raconte ses solutions trouvées dans ses ouvrages. Puis Dominique monte chez elle retrouver son chum, qui vient d'arriver. Elle redescendra, plus tard, s'assurer que maman n'a besoin de rien et l'aider pour sa toilette du soir.

Le lendemain matin, ma sœur commence sa journée en apportant le petit-déjeuner à maman. Elle s'occupe du recyclage et se sauve au travail. Elle appelle maman, le midi, pour être certaine que tout va bien. Puis ce sera les courses pour le soir. La quiche, le vin et les marguerites dans le plateau. Sans oublier les aimantes inquiétudes : « Maman, tu ne manges pas assez ! Maman, as-tu pris ton fer ? Maman, c'est quand ton rendez-vous à l'hôpital ? »

Ma sœur accompagne toujours ma mère à l'hôpital. Heureusement. Parce que ma mère, elle, quand un médecin lui demande comment ça va, elle répond toujours que ça va très bien. C'est sa nature. Dominique note minutieusement, au jour le jour, l'état de santé de maman : son extrême fatigue, sa perte d'appétit, ses petites absences. Elle est la mémoire de son cœur.

Parfois, ma sœur rentre le soir et ça ne va pas. Ma mère est dans un piteux état. Alors elles se précipitent aux urgences. Et ma sœur passe des nuits sur une chaise droite à veiller maman. On voudrait bien la remplacer, mais elle ne veut pas. C'est sa place. C'est sa responsabilité. C'est sa vie.

Personne ne sait autant maman que ma sœur. Mon frère Bertrand et moi, on adore notre mère. On la gâte. Si elle a besoin de nous, nous sommes là. Comme des fils. Mais ma sœur, elle, est toujours là. Pas comme une fille. Comme une mère.

Dominique n'a jamais eu d'enfant. Son chum et elle sont ensemble depuis plus de 30 ans. Danseuse de ballet devenue orthophoniste, elle vit dans son monde d'artistes, entourée d'amis fidèles.

Ma sœur n'a jamais eu d'enfant. Pourtant, elle est une des meilleures mères que je connaisse.

Elle est la mère de ma mère. De notre mère. C'est grâce à son amour inconditionnel, grâce au sacrifice de sa vie, grâce à sa tendresse, à son sens du devoir et surtout à sa présence quotidienne que ma mère est toujours aussi heureuse. Toujours aussi épanouie.

Le monde est rond. Le destin aussi.

Dans la même maison, il y a des années, il y avait une maman qui réglait tous ses agissements pour le bien-être de son mari, de ses deux gars et de sa fille. La maman est toujours là. Mais elle est fatiguée. Malade. Elle a besoin de quelqu'un qui règle ses agissements sur son bien-être à elle. Et c'est sa fille qui a pris la relève. C'est ça, le retour de l'amour. La récolte de ce qu'on a semé, la récolte de celles qui savent s'aimer.

En cette fin de semaine de la fête des Mères, j'aimerais remercier ma sœur de veiller sur la personne la plus essentielle de ma vie.

J'aimerais remercier ma sœur de veiller sur ma mère comme une mère. Parce que c'est la plus belle façon de veiller sur quelqu'un.

Je voudrais aussi saluer toutes ces femmes qui n'ont jamais eu d'enfant mais qui s'occupent de leurs parents, oncles, tantes, neveux, nièces, amis, avec tant d'amour qu'elles en deviennent maternelles. C'est votre fête aussi.

La journée de la fête des Mères, c'est la journée de celles qui ont compris que l'amour des autres, c'est l'amour de soi puisque l'autre est une partie de soi.

Il n'y a que pour les mamans que ce corollaire est aussi évident.

Merci de nous montrer l'amour.

Bonne fête des Mères !

Et des sœurs !

⸺╫⸺

Le 8 février 2009

LE QUÉBÉCOIS EST TROP COMPLIQUÉ POUR LES FRANÇAIS

Français, Françaises, lisez ceci. Sérieusement. Je sais que ce n'est pas facile pour vous de prendre un Québécois au sérieux. Les Québécois vous font rire. Vous nous trouvez marrants avec notre accent. Et nos expressions truculentes. On est des *Ch'tis* version extrême. Des *Och'tis* !

Ah ! Vous nous aimez bien ! Mais avec un petit sourire en coin. Comme on aime un cousin qui vient de loin. Qui vient de creux. Comme on aime un innocent. Comme Rose-Anna aimait Ti-Coune.

Quand Barack Obama ira visiter votre Sénat, un député le recevra-t-il en utilisant une expression typiquement américaine: « *What the fuck, Mister President ?* » Sûrement pas. Alors pourquoi avoir demandé à Charest s'il avait la plotte à terre ? Vous qui vous drapez dans le décorum et les formules de politesse, vous qui êtes si distingués habituellement, pourquoi en présence d'un Québécois, fût-il même le premier ministre, vous relâchez-vous comme si vous aviez déjà gardé des cochons ensemble?

Le député Lasbordes a expliqué sa familiarité en disant que c'est un ami québécois qui lui a suggéré d'aborder notre PM ainsi. Que ça mettrait l'indigène à l'aise. N'importe quoi. Si un ami français d'André Arthur lui propose de saluer le président français, à sa prochaine visite à la Chambre des communes, en lui lançant: «Comment va le connard à Carla?», Arthur risque d'avoir assez de discernement pour juger que ce n'est pas une bonne idée. Alors comment se fait-il que des êtres aussi cultivés et éloquents que vous se permettent de tels impairs?

Parce que vous ne comprenez pas le québécois. Pour vous, le québécois est un langage de clowns. Toutes nos expressions sont des farces. Du Ding et Dong! Eh bien non! *Tabarnak*, *ostie*, *collis*, ce n'est pas drôle. Ce ne sont pas des expressions folichonnes. On les dit quand on est choqué. Insulté, blessé, enragé. Il ne faut pas s'en servir hors contexte. On ne dit pas: «Vous êtes belle, ma *tabernak*!» Ce n'est pas délicat. Je sais, ça vous amuse. Parce que pour vous ces mots sont rustiques. Presque bucoliques. Ils sentent le bois et le fromage Oka. Tant mieux pour vous. Mais puisqu'ils nous appartiennent, puisqu'ils sont nôtres, vous devez respecter le sens qu'ils ont pour nous. Et vous en servir à bon escient.

J'ai déjà lu dans *Libération*, un très bon journal écrit par des journalistes très songés: «Le chanteur tabernacle Roch Voisine». C'est quoi, ça? Le chanteur tabernacle?

Le critique voulait faire du style? Le critique voulait faire québécois? Faire cabane au Canada? Ben qu'il le fasse comme du monde. À la limite, il aurait pu écrire: «Roch Voisine, le chanteur qui plaît aux *pitounes*.» Voilà pour le côté bûcheron. Mais le tabernacle ne doit pas servir à toutes les sauces. Est-ce que dans *Le Devoir*, Sylvain Cormier écrirait: «Le chanteur à la con, Johnny Halliday…»? Juste pour faire français. Juste pour faire parigot. Ben non!

Quand on veut se servir des expressions de gens venus d'ailleurs, il faut les comprendre. Or le québécois ne s'apprend pas chez Berlitz en deux semaines, c'est trop complexe. Il y a trop de nuances. Se paqueter la fraise, ça veut dire se saouler. Mais paqueter ses p'tits, ça ne veut pas dire saouler ses enfants, ça veut dire s'en aller. Avoir un *ostie* de char, c'est conduire un citron. Mais avoir un char qui roule en *ostie*, c'est avoir une caisse d'enfer. Avoir la *plotte* à terre ne fait pas référence à une pelote de laine déroulée. C'est plus cru qu'être simplement au bout du rouleau, qu'être au coton. C'est beaucoup moins subtil. C'est plus con, c'est le cas de dire. Bref, embarquez-vous pas là-dedans. Le québécois est une langue trop explosive pour s'en servir impunément.

Vous avez beau être éduqués et couverts de diplômes, ne parle pas québécois qui veut. Cessez d'être guidés par votre condescendance à notre égard. Vous n'êtes plus la mère patrie. Vous êtes la mère partie. L'enfant s'est débrouillé tout seul. Et cela a donné ce que cela a donné. Sarkozy n'a pas à savonner les souverainistes québécois, pas plus que de Gaulle n'avait à les encenser.

Nous ne sommes plus la Nouvelle-France. Nous sommes le Québec ou le Canada ou l'Amérique. On ne le sait pas trop, mais c'est de nos affaires. Daniel Johnson père ne disait pas au Général quoi faire avec l'Algérie. Jean Charest ne dit pas à Sarkozy quoi faire avec les sans-papiers. Nos *bébelles*, ce sont nos *bébelles*. Votre truc, c'est votre truc. Respect, les mecs !

De toute façon, au rythme où vont les choses, un jour ou l'autre, c'est certain, on va le gagner, votre respect. Vous ne vous moquerez plus de notre accent. Vous ne détournerez plus nos expressions pour faire rire la galerie. Vous nous comprendrez enfin. Vous nous traiterez avec tous les égards. Et ce jour est pour bientôt. C'est le jour où tous les Québécois parleront anglais. A *few days after, it will be your turn.*

L'HISTOIRE DU CARRÉ ROUGE EN 2072

L'action se déroule durant un cours d'histoire du Québec, dans un cégep, en 2072. Le professeur s'adresse à sa classe : « Aujourd'hui, on va parler du conflit étudiant de 2012 surnommé la révolte des carrés rouges. Qui était le premier ministre du Québec en 2012 ? Oui, Marie-Bio ?

— Scott Gomez !

— Non, pas vraiment.

— Euh... Tony Accurso ?

— Non plus, Marie-Bio. C'était Jean Charest.

— Ah ! le même nom que le nouvel échangeur qu'ils viennent tout juste de terminer...

— C'est ça, l'ancien échangeur Turcot. Donc le gouvernement Charest voulait hausser les droits de scolarité et les étudiants se sont farouchement opposés à la hausse en arborant le carré rouge en signe de *stop* et en faisant la grève.

— Une grève ?

— Ouais, ben, ce n'est pas clair. Il y en a qui disaient que c'était une grève, d'autres qui disaient que c'était un boycottage.

— C'est quoi la différence entre une grève et un boycottage?

— Ben, une grève, c'est quand on refuse de travailler, pis un boycottage, c'est quand on refuse un service. Comme les étudiants travaillaient beaucoup plus durant le conflit, en organisant des assemblées et des manifestations, que lorsqu'ils allaient à leurs cours, on peut dire que c'était un boycottage, quoique la qualité de l'enseignement dans ce temps-là, ce n'était pas toujours un service qu'on leur rendait. Donc, on va dire que les étudiants n'étaient ni en grève ni en boycottage, ils étaient en *sacrament*!

— Pourquoi ils n'ont pas négocié?

— Les étudiants voulaient négocier, mais au début, la ministre de l'Éducation, Line Beauchamp, ne voulait rien savoir. C'était ça qui était ça. Les étudiants ont mis beaucoup de pression en organisant plein de manifestations. Alors la ministre a dit qu'elle était prête à rencontrer les étudiants s'ils ne s'opposaient plus à la hausse.

— Pas rapport! Ce n'est pas ça, négocier; rencontrer quelqu'un seulement s'il a déjà accepté ce qu'on lui impose.

— Madame Beauchamp était diplômée de l'école de négociation Régis Labeaume.

— L'ancien maire de Montréal?

— Exactement, Marie-Bio! Pis avant ça, il était à Québec. Pour revenir aux carrés rouges, il y avait trois associations étudiantes; la FECQ dirigée par Léo Bureau-Blouin, la FEUQ dirigée par Martine Desjardins et la CLASSE dirigée par Gabriel Nadeau-Dubois.

— Le président de la Caisse de dépôt?

— C'est bien cela.

— Il est mûr pour sa retraite bientôt.

— Ça approche, l'âge de la retraite est maintenant à 89 ans. Donc, la CLASSE était le mouvement le plus radical et les manifestations sont devenues de plus en plus viriles. La police ne donnait pas sa place non plus. La situation a viré au chaos.

— La ministre a donc accepté de négocier?

— Pas tout à fait. Madame Beauchamp était prête à rencontrer les leaders étudiants seulement s'ils condamnaient les actes de violence. Gabriel Nadeau-Dubois n'a pas voulu, donc la ministre les a fait sécher.

— Je ne comprends pas. La semaine dernière, quand vous nous avez raconté la crise du Camembert…

— Non, Marie-Bio, pas la crise du Camembert, la crise d'Oka.

— Oui, c'est ça! Vous nous avez bien dit que le gouvernement libéral avait accepté de négocier avec des Mohawks en cagoule, armés. Et là, ils ne voulaient pas négocier avec un sosie de Tintin, parce qu'il ne condamnait pas la violence. Ce n'est pas juste. Me semble que c'est plus pédagogique de le rencontrer et de lui prouver que le dialogue est plus puissant que la violence.

— Marie-Bio, tu ferais une excellente ministre dans le gouvernement de notre premier ministre Nelson Dion-Angélil.

— Comment ça s'est terminé, la révolte des cônes oranges?

— Les cônes oranges, c'est une autre affaire, ne te mêle pas dans tes formes et dans tes couleurs!

— Désolée, comment s'est finie la crise des carrés rouges?

— On ne le sait pas, parce qu'au bout d'environ 90 jours, le Canadien de Montréal a nommé son nouveau directeur général, pis les journaux n'ont plus parlé du conflit étudiant. Aucune trace. Nulle part, ni sur le web ni sur la vieille affaire qui s'appelait du papier.

— Aaah, dommage.

— Bon, le cours est fini. Bonne journée, Marie-Bio!

— Vous aussi!»

Vous vous demandez sûrement pourquoi, pendant le cours, le professeur n'a échangé qu'avec l'élève nommée Marie-Bio? Parce qu'elle est la seule élève inscrite à son cours, car les droits de scolarité ont continué de monter jusqu'en 2072.

Je dédie cette humble chronique au grand Serge Grenier qui aimait bien, parfois, projeter notre société dans le temps. Paix à son âme. J'espère que l'éternité est aussi drôle que lui.

⸺

Le 9 juillet 2011

LA VIE NE VAUT RIEN

Mardi dernier, j'étais en réunion avec deux amies et collègues, et nous avions tous nos ordinateurs devant nous. Machinalement, j'ai rafraîchi le site de Cyberpresse sur mon écran, et c'est là que j'ai lu la nouvelle: Guy Turcotte déclaré non responsable. Ça m'a saisi comme un électrochoc. Tellement que j'ai relu la manchette à haute voix pour faire part de mon étonnement: Guy Turcotte déclaré non responsable. Esther et Flavie m'ont regardé et j'ai senti que je venais de leur faire mal. On a partagé notre malaise pendant quelques minutes, puis on a continué à travailler avec une douleur en dedans qui ne passait pas.

Quelques jours plus tard, elle ne passe toujours pas. Pourtant, j'ai lu tout ce qui s'est écrit sur le sujet pour essayer de comprendre et calmer mon vertige. Ils ont été nombreux à nous l'expliquer, ce verdict de non-responsabilité criminelle en raison de troubles mentaux…

Les 11 jurés ont fait leur devoir. Ils ont fondé leur décision sur les faits qui leur ont été exposés et sur les opinions des experts entendus. Ils s'en sont remis à l'article 16 du Code criminel, qui prévoit que la responsabilité criminelle d'une personne ne peut pas être engagée si cette dernière, au moment du crime, ne faisait pas la distinction entre le bien et le mal, ou n'était pas en mesure d'apprécier la nature et la qualité de ses actes.

Je comprends tout ça, mais la douleur est toujours là. Je dirais même qu'elle fait encore plus mal.

Les esprits rationnels ne devraient pas mépriser les gens qui, comme moi, sont abasourdis par le dénouement de l'affaire Turcotte. Nous ne sommes pas d'émotifs vengeurs qui désirons lyncher l'homme qui a tué ses enfants. C'est beaucoup plus complexe que ça. Et ça va bien au-delà de cette cause.

Mardi, c'est la vie qui a perdu, une fois de plus.

Dans le monde des humains, la vie ne vaut rien. On se l'enlève, on se la gâche, on se la casse. La vie passe après l'argent, après le pouvoir, après Dieu. La vie passe même après l'amour. Alors on tue pour l'argent, pour le pouvoir, pour Dieu et même pour l'amour. Le monde se fout de ce qu'il y a de plus important. Le monde est fou. Le monde ne distingue que son bien et que son mal.

Et plutôt que de changer, que de bâtir une société qui placerait la vie au-dessus de tout, l'humain préfère justifier sa folie, l'excuser, la codifier. En fin de compte, les morts ont toujours tort. De toute façon, on ne peut plus rien faire pour eux. Alors on ne fait rien. Mais, ce faisant, on ne fait rien pour les prochains non plus.

Et c'est ce qui me fait le plus peur, dans toute cette affaire: cette rationalisation de l'horreur. Cette défense de l'indéfendable. Ne nous demandez surtout pas de l'accepter. Les circonstances ne devraient jamais nous permettre de manquer à notre plus grand devoir d'êtres vivants: celui de prendre soin de la vie. Un parent a le devoir de prendre soin de ses enfants. Envers et contre tous, envers et contre lui. C'est ça, donner priorité à la vie.

Comment faire pour que les hommes arrêtent de se tuer? Même pas besoin qu'ils s'aiment, juste qu'ils se sacrent patience. Qu'ils arrêtent d'essayer de régler leurs problèmes en éliminant les autres.

Où s'apprend le respect?

Où s'apprend le sens des responsabilités?

Où s'apprend la vie?

À l'école? À la maison? Nulle part?

Nous avons créé une société d'irresponsables. Et, bien sûr, ce n'est la faute de personne.

Les questions fondamentales, on ne se les pose jamais, tellement on est pris par l'économie, la politique, le sport et les vedettes. Puis arrive un événement qui nous frappe au cœur. Qui nous fait nous sentir mal. Il ne faut surtout pas se rassurer en se disant que tout est correct. Que la loi, c'est la loi. Que le système est ainsi fait. Qu'il faut tourner la page et passer à autre chose.

C'est l'inverse qui n'est pas normal. Toutes ces morts qui nous indiffèrent. Toutes ces morts qui ne nous empêchent pas de dormir. Toutes ces morts qui ne nous font pas mal. Pour une fois qu'il y en a deux qui nous bouleversent, laissons cette émotion nous nettoyer l'intérieur. On en a tellement besoin.

Il y a quelque chose de pourri au royaume des humains, et j'ai bien peur que ce soit notre âme.

Le verdict de Guy Turcotte aurait été autre, la réalité serait la même, c'est juste qu'on ne l'aurait pas eue dans la face à ce point. Deux enfants sont assassinés. Personne n'est coupable.

C'est la vie.

Ce n'est rien.

LE GPS ET LE COUPLE

Ma blonde et moi montons dans la voiture. Nous sommes prêts. Elle pilote. Je copilote. L'aventure, c'est l'aventure. Nous allons à un endroit où nous ne sommes jamais allés. C'est risqué. Surtout en couple. Sur la route, un couple, ça s'annule. Tous les hommes sont Jean Charest. Toutes les femmes sont Pauline Marois. Quatre mains sur le volant. On tourne à gauche et à droite, en même temps. Les directions ne sont jamais les mêmes si elles sont expliquées par un cerveau de femme et un cerveau d'homme, au même moment. Si Jacques Cartier s'est retrouvé à Gaspé en voulant aller aux Indes, c'est que son épouse devait faire partie de l'expédition. Et qu'il l'a écoutée seulement à moitié. Il aurait dû arrêter au Groenland demander son chemin comme elle lui disait de le faire. Mais il était trop fier-pet, le découvreur.

Heureusement, si on arrête le char, on n'arrête pas le progrès. Maintenant, plus besoin de son cerveau en auto. Qu'il soit masculin ou féminin, on le range avec le cellulaire. Et on se fie au GPS. Le Ron Fournier du couple en voiture. C'est lui, l'arbitre. C'est lui qui a raison.

Je pitonne l'adresse. Et c'est parti!

Dans 150 m, tournez à droite…

Elle a une jolie voix de speakerine à la télé française.

Dans 100 m, tournez à droite…

Dans 80 m, tournez à droite…

Dans 60 m, tournez à droite…

Ma blonde s'impatiente:

— OK, OK, on a compris! Pourquoi elle le répète tout le temps?

— C'est parce qu'elle sait que c'est toi qui es au volant!

J'aurais pas dû dire ça. Ma blonde veut éteindre le GPS. Elle dit qu'elle n'en a pas besoin. C'est toujours la même chose. Quand on est ensemble, ma blonde ne veut jamais qu'on utilise le navigateur, mais quand elle est toute seule, elle l'utilise abondamment. Question d'orgueil. Quand elle est toute seule, le GPS, c'est son ami secret, son pouvoir de superhéroïne. Quand je suis là, le GPS devient quelqu'un qui lui dit quoi faire. Le GPS devient moi. Je suis ventriloque et je parle à travers la machine.

Dans 20 m, tournez à droite… Tournez à droite.

— Ben tourne à droite!

— Elle a dit dans 20 m…

— Elle a dit dans 20 m il y a 20 m, mais après elle a dit : Tournez à droite. Il fallait l'écouter !

Faites demi-tour.

— Ben qu'est-ce que tu fais ?

— Je fais demi-tour.

— C'est un sens unique.

— Elle a dit de faire demi-tour. Tu veux que je l'écoute, je l'écoute.

— Niaise pas, on va prendre l'autre rue.

— Branche-toi, je l'écoute ou je l'écoute pas ?

Faites demi-tour.

— Ah toi, tais-toi !

— C'est à moi que tu parles ?

— Non, c'est à elle…

Un couple n'est pas fait pour être trois. Ça complique toujours les choses.

Gardez votre gauche à la bifurcation.

— Pourquoi tu mets ton clignotant ?

— Elle a dit de prendre à gauche à la bifurcation.

— Elle n'a pas dit de prendre à gauche, elle a dit de garder sa gauche…

— Alors je ne la prends pas ?

— Non, tu ne prends pas, tu gardes…

— OK.

Faites demi-tour.

Merde, il fallait prendre à gauche! La chicane est repartie! J'ai l'impression qu'on va bientôt entendre le GPS dire: Cessez de vous engueuler. On met de la musique pour se détendre. Les Beatles…

Dans 20 m, tournez à gauche.

The Long and Winding Road…

Faites demi-tour.

Ma blonde veut qu'on arrête au garage. Franchement! Que va penser le garagiste, que l'on n'a même pas de GPS? Pas question! Y a pas juste Jacques Cartier qui est *fier-pet*. Finalement, arrive ce qui devait arriver: on se boude. Ma blonde ne parle plus. Je ne parle plus. Il n'y a que le GPS qui parle.

Prenez la sortie 42 à droite.

Restez à droite.

Dans 20 m, tournez à gauche.

La destination est sur votre droite.

Nous voilà arrivés. Je sais ce qui manque aux GPS, un piton mute pour que les couples se taisent. Ça viendra sûrement. Bon retour!

AVIONS ET FAUTEUILS ROULANTS

Samedi, 10 septembre. Ma blonde et moi sommes devant le comptoir d'Air France à l'aéroport de Stockholm. Le type me regarde dans mon fauteuil roulant, puis il s'adresse à Marie-Pier : « Est-ce qu'il est capable de marcher pour se rendre à son siège dans l'avion ? »

Je ne sais pas pourquoi ce n'est pas à moi qu'il pose la question. Je suis en fauteuil roulant parce que j'ai de la difficulté à marcher, pas à parler. Je réponds quand même : « Oui, je suis capable. Mais à Paris, il faut que mon fauteuil soit là, pour que je puisse me rendre à la porte d'embarquement de mon vol pour Montréal. » Il se gratte la tête. Il ne sait pas trop quelle étiquette mettre sur mon fauteuil roulant. Alors il les met toutes. Et nous voilà partis.

Le Boeing atterrit à Paris. Les passagers descendent de l'avion. Je demande à l'hôtesse : « Est-ce que mon fauteuil roulant est arrivé ?

— Non, il a dû suivre vos bagages vers Montréal.

— Avez-vous un autre fauteuil roulant ?

— Non. »

Comment ça, non? On a beau avoir voyagé dans le ciel, Dieu n'en a pas profité pour me guérir. J'ai toujours autant besoin d'un fauteuil roulant qu'il y a deux heures et demie!

Je descends tant bien que mal l'escalier qui nous conduit sur la piste. Soutenu par les agents, je monte dans une camionnette adaptée. L'hôtesse dit que ma blonde n'a pas le droit de monter avec moi, qu'elle doit prendre l'autre navette. Celle des normaux. Pourquoi? Il y a six places dans la camionnette. J'insiste. Marie-Pier me rejoint.

Au terminal F, une préposée m'attend avec un fauteuil roulant. Elle me pousse jusqu'à l'entrée puis me dit:

«Descendez du fauteuil roulant!

— Comment ça? Il faut se rendre au terminal E, pour prendre l'avion pour Montréal.

— Un de mes confrères va venir vous chercher plus tard. Moi, j'ai besoin du fauteuil.

— Si, en attendant l'arrivée de votre confrère, il me prend l'envie de pisser, qu'est-ce que je fais, si je n'ai pas de fauteuil roulant? Je fais un Depardieu?

— Bon, gardez-le, mais moi, je vais chercher des gens, alors attendez ici l'autre agent.»

Vingt minutes plus tard, nous sommes toujours là, pas de confrère à l'horizon. Nous sommes en train de manquer notre avion. Nous allons donc nous débrouiller tout seuls. Nous sommes habitués. Je place tous nos bagages à main sur mes genoux, et ma blonde me pousse vers le terminal E. La course folle est commencée. C'est qu'il est loin, le terminal E.

Juste avant la sécurité, on croise une préposée qui pousse une vieille dame. Elle nous regarde comme si on était des évadés de prison : « Qu'est-ce que vous faites là ?

— Ben, on s'en va prendre notre avion…

— Vous n'avez pas le droit de pousser cette chaise. Seuls les employés autorisés ont le droit de pousser cette chaise !

— L'employé autorisé n'est jamais arrivé. Comme on veut rentrer chez nous, ben on s'arrange.

— C'est défendu ! »

Y en a marre de la zélée, je me tourne vers Marie-Pier : « Vite, pousse-moi, on n'a pas de temps à perdre ! » La préposée met sa main sur le bras de ma blonde, s'empare d'une clé à sa ceinture, se penche sous mon fauteuil et verrouille les roues !

« Voilà, vous ne pouvez plus avancer ! Ceci est notre outil de travail ! N'y touchez pas ! »

La collection complète des sacres québécois retentit dans l'aéroport Charles-de-Gaulle. Une agente vient de mettre un sabot de Denver sur le fauteuil roulant dans lequel je suis assis, *ostie* ! Je suis complètement humilié. Les fauteuils roulants sont plus importants que les personnes qui sont dessus. Ma blonde ne voulait ni voler la chaise ni voler le job de quiconque, ma blonde essayait seulement de conduire son chum à l'avion. *Crisse* !

Je me calme. Nous sommes la veille du 11 septembre, ce n'est pas le bon week-end pour crier dans un aéroport, les gendarmes risquent de m'embarquer. Ma blonde court chercher de l'aide au comptoir d'Air France. La dame lui dit que la préposée a raison. Qu'elle ne peut rien faire pour nous.

Un agent qui pousse un fauteuil vide passe à côté de moi. Je lui explique que nous allons manquer notre avion. Il ne s'arrête pas. Il s'en fout. Il s'occupe d'un fauteuil vide, c'est bien plus important que moi.

Heureusement, la loi de la moyenne joue pour nous. Après avoir croisé une armée de sans-cœur qui respectent le règlement, on finit par tomber sur un bon Samaritain. Un préposé aux bagages me transborde dans un fauteuil non verrouillé et me pousse jusqu'à la barrière, même si ce n'est pas dans sa définition de tâche. Il va sûrement se faire engueuler par son boss et par le syndicat, mais il le fait quand même. Cet homme est un héros.

L'avion décolle. Nous sommes à bord. Mais ma condition humaine est à terre. Ce n'est pas la première fois que de telles mésaventures m'arrivent dans un aéroport: pour la plupart des gens qui y travaillent, je ne suis pas une personne, je suis un fauteuil roulant.

Pourtant, s'il y en a qui devraient comprendre que, pour aller d'un point A à un point B, parfois, il faut de l'aide, c'est bien les gens du monde de l'aviation.

Après tout, un avion, ce n'est qu'une série de fauteuils volants.

Car tous les humains sont des oiseaux handicapés, des oiseaux sans ailes.

Le 19 septembre 2009

SI LES PROFS POUVAIENT...

C'est en septembre que ça se décide. Parfois même dès le premier cours. La cloche sonne. Trente élèves s'assoient à leur pupitre. Soixante paires d'yeux fixent la porte de la classe. Impatients de savoir de quoi a l'air le prof. Parfois sa réputation le précède et elle entre en premier. Les jeunes ont déjà peur. Les plus vieux leur ont dit qu'ils allaient passer par là. Ça peut aussi être le contraire. Les jeunes sont déjà turbulents. Baveux. Les plus vieux leur ont dit que c'était un mou.

Le professeur arrive, les élèves l'analysent. Ils le scannent de la tête aux pieds. Sa démarche, son habillement, ses cheveux, son poil aux oreilles, son manucure, ses mèches, son parfum, son accent, ses tics. Ils n'ont que ça à faire. Le regarder. Durant toute la période. Alors ils le font. Quand le premier cours est terminé, leur idée est faite. Ils vont aimer ou pas le français, les mathématiques, la chimie, la biologie, la géographie ou l'éducation physique selon qu'ils aiment ou n'aiment pas M. Proulx, Mme Boily, M. Dutil ou Mme Bernier.

Je me demande à quel point les profs sont conscients que l'école c'est eux. Ce sont eux les stars. Ils sont les Guy A. Lepage, Julie Snyder, Marc Labrèche, Louis-José Houde de leur matière. Ce sont eux qui l'animent. Ce sont eux qui y donnent vie. Qui rendent ça intéressant ou ennuyant. Qui partagent leur passion. Si le prof est sur le pilote automatique, le cours va crasher, c'est sûr. Mais si le prof fait de la haute voltige à la Luchini, en récitant des vers ou en déclamant ses dictées, les élèves seront au septième ciel. Bien sûr, personne n'est condamné à être génial. Les profs sont comme les sportifs, les politiciens, les plombiers, les chroniqueurs, ils font ce qu'ils peuvent avec ce qu'ils ont.

Mais on ne devient pas cuisinier si on n'aime pas manger. Alors on ne devient pas professeur si on n'aime pas enseigner. Si on n'aime pas donner un cours. Donner une représentation. Pas besoin que le cours de physique devienne un spectacle du Cirque du Soleil, il faut juste que les élèves sentent que leur maître trippe sur la matière. Ça prend de l'entrain. De l'enthousiasme.

Combien d'heures j'ai passé à dessiner des bonshommes dans mon cahier parce que le prof lisait ses notes sans lever les yeux. Monotone. Fatigué. Résigné. Le courant ne passait pas parce que le prof était en panne. D'inspiration. Il n'y a qu'une seule façon d'apprendre, c'est en aimant. Si on ne fait pas aimer aux élèves ce qu'on leur demande de retenir, ils ne s'en souviendront jamais. L'indifférence n'a pas de mémoire.

Si j'aime autant écrire, c'est beaucoup à cause de Mme Lamoureux au primaire, M. Saint-Germain au secondaire et de M. Parent au cégep. Des profs qui l'avaient. Ce n'était pas des bouffons. Oh que non. Mais leur vocation était sincère et bien visible. Car c'est de cela que l'on parle. Tenir assis sur des sièges une trentaine de ti-culs pendant toute une journée, faut le faire. Même les parents ont de la misère à captiver leurs enfants durant un week-end. Imaginez durant une semaine, des étrangers se relayent pour essayer de transmettre connaissances, culture et savoir-vivre à un auditoire qui ne rêve qu'aux vacances de Noël. Faut le faire.

Et il n'y a qu'une seule façon de le faire. Pour intéresser, il faut être intéressant. Bien sûr, il y aura toujours des cancres qui resteront insensibles à un cours d'anglais même si c'était Angelina Jolie ou Brad Pitt (c'est selon) qui l'enseignait. Mais la grande majorité des élèves ne demandent pas mieux que d'embarquer. Encore faut-il que le monsieur ou la dame en avant veuille les mener plus loin que la fin du cours. Plus loin que la charge de travail imposée.

Le Québec est le royaume du décrochage. C'est peut-être parce que les jeunes ne sont jamais accrochés. C'est *plate*, mais c'est aux adultes de le faire. Les médecins ont la responsabilité de guérir les patients. Les profs ont le devoir d'intéresser les élèves. C'est bête de même. C'est beau de même.

C'est sûrement la plus noble des tâches. Permettre à un individu de grandir. Dans tous les sens du terme.

Si c'est le devoir des profs de stimuler leurs élèves, c'est le devoir de la société de stimuler les professeurs. En valorisant leur tâche. En structurant les écoles autour de leur talent. En leur permettant d'être imaginatifs.

Un professeur peut changer la vie de quelqu'un. Peu de gens ont ce pouvoir. Il peut être un allumeur de réverbères. Comme il peut être un éteignoir.

C'est en aidant les professeurs à être meilleurs que les élèves le seront. C'est la seule réforme possible.

L'école, qu'elle s'appelle l'école Champlain, l'école Élan ou l'école Sainte-Jeanne-D'arc, c'est l'école Pierre Dubois, c'est l'école Mlle Provencher, c'est l'école Virginie. C'est l'école des professeurs.

Quelqu'un devrait l'apprendre aux directeurs de commissions scolaires et aux sous-ministres.

CHRONIQUE NORMANDE

Ma blonde n'aime pas la chaleur. Moi, si. J'aurais aimé aller en Italie. Nous sommes en Normandie. L'homme a le contrôle de la télécommande. La femme a le contrôle des destinations vacances. C'est ainsi.

Je vous confirme que ce n'est pas la *Sudmandie*. C'est très au nord, la Normandie. Il fait 15°. Avec le facteur vent, au bord de la mer, il doit faire 0°. Ici, pas de seins nus comme sur la Côte d'Azur. Les seins sont bien couverts, les ventres, les fesses, les cuisses, les mollets, les pieds, les épaules et les cous aussi. Je crois que j'ai les doigts bronzés.

Johnny ne prend pas ses vacances dans le coin. C'est plus un endroit pour Bonhomme Carnaval. Il est certain de ne pas fondre.

Mais c'est beau, vraiment beau. Car la fraîcheur, c'est connu, sait mieux conserver la beauté. Rien de flétri. Rien de séché. Tout est vigoureux. Tonifié. Les fleurs sont nombreuses et vaillantes. Elles poussent sans s'arrêter. Et embellissent toutes les maisons. Même les plages sont vivantes. Pas de bedaines échouées en train de se faire toaster. Des gens qui courent, des cerfs-volants, des surfeurs, des chiens enjoués, des enfants entrepreneurs en construction de châteaux de sable. Pas de farniente. Que de l'activité.

Partout dans le monde, la plage est synonyme de futilités, de grande paresse, d'yeux fermés et de corps crémés. Sauf ici. Ici, la plage est synonyme de valeurs, de grands sacrifices, d'yeux grands ouverts et de corps ensanglantés. Impossible d'y être sans penser au matin du 6 juin 1944, quand des milliers d'hommes se sont lancés vers elle pour sauver le monde. Ce sont ces grains de sable qui ont changé le cours de l'histoire.

Nous sommes allés à Omaha Beach et à Juno Beach, là où les Américains et les Canadiens ont débarqué. Respect. On dirait qu'ils sont encore là. Dans chaque vague qui se brise pour que vive la suivante. Dans le grand vent que l'on respire. Cet air de liberté, c'est à eux qu'on le doit. Tous ces soldats Ryan ou Tremblay qui sont descendus des vaisseaux en courant vers les tirs allemands sont des héros. Dans le vrai sens du mot. Il faut venir en Normandie, ne serait-ce que pour leur dire merci.

Nous sommes allés aussi à Honfleur. Un nom de ville qui se termine par fleur, ça ne peut être que joli, et ce l'est. Le port est si beau qu'il donne envie de revenir à tous ceux qui en partent. Quoique, heureusement pour nous, certains aventuriers ont préféré rester de l'autre côté de l'horizon. C'est ici que Champlain s'est embarqué pour sa grande traversée jusqu'à la découverte du

Québec. Et quand on regarde l'architecture, on constate que le Vieux-Québec était au 17ᵉ siècle le nouveau Honfleur, tant on s'y sent chez soi.

On ne va pas en France pour se dépayser, mais pour se *repayser*. On régénère nos racines. Voir si elles sont encore bien ancrées. Question de moins perdre de feuilles. Ce sont plus que nos cousins. Ce sont nos grands-parents. Ceux sans qui nous ne serions pas ce que nous sommes. Qu'on le veuille ou non, on n'aurait pas le même nom. On ne partage pas seulement la même langue, mais la même culture et aussi les mêmes problèmes. En ce moment, les sujets chauds en France, c'est la faillite des universités, les noyades, les festivals et l'avenir de l'usine Rio Tinto Alcan de Castelsarrasin. On écoute France Inter, on se croirait au 98,5. On gagnerait à être plus près, Français et Québécois. D'égal à égal, en amis. C'est si rare, des nations amies. On pourrait s'aider à résister à tout ce qui veut nous effacer. Sauver l'accent aigu sur le mot amitié.

En tout cas, une chose est sûre, la région de la France la plus proche du Québec, et des cailloux et du cœur, c'est la Normandie. Partout on a compris mon accent et ma patate chaude. Partout notre provenance faisait sourire de complicité. Non seulement les Normands nous ont donné notre patrie il y a presque 500 ans, mais ils sont reconnaissants pour tous ces Canadiens qui, il y a presque 70 ans, leur ont redonné la leur. Il y a des liens comme ça, solides comme des nœuds de marin.

L'endroit qu'on aimerait ramener chez nous, ma blonde et moi, c'est Étretat.

De magnifiques falaises se tenant bien droites devant la mer agitée. Un rocher percé serti d'une aiguille. C'est l'aiguille creuse d'Arsène Lupin. Le repaire du plus grand des voleurs. Soudain, ce sont tous mes étés à NDG à lire les aventures du héros de Maurice Leblanc qui ont pris vie devant moi. Voyager, c'est toujours revenir vers l'enfance.

J'ai passé l'après-midi à regarder un rocher comme on regarde un rêve réalisé.

Et la chaleur qui me réchauffait l'âme valait tous les soleils du Sud.

Faut toujours suivre sa blonde en vacances. L'amour est le meilleur guide.

Bonnes vacances, tout le monde!

Et à la semaine prochaine, parce que vous écrire, c'est aussi des vacances.

LES DISCOS CONTRE LES GRANOS

Une journée de janvier 1979, le cours de philo vient de se terminer. J'entre dans la cafétéria du collège Marguerite-Bourgeoys. Devant moi, il y a deux mondes coupés au couteau.

À gauche, les filles portent des jupes en macramé et sentent le patchouli. Les gars portent des salopettes et ont les cheveux longs tout emmêlés. Ils sont assis en indien sur leur chaise. Ils ont les yeux un peu rouges, mais ce n'est pas parce qu'ils ont pleuré. Il y a un frisé qui joue de la guitare. Et une brune qui dessine des fleurs sur les joues de son amie. Ils parlent de la pollution et des voyages sac au dos. Ils bougent lentement, ils marchent lentement, ils mangent lentement. Quand la cloche va sonner, à 13 h, ils vont rester là. À 16 h, ils seront encore là. Ils sont toujours là.

À droite, les filles ont des petits hauts avec des paillettes et sentent le parfum Avon. Les gars portent des pantalons blancs serrés sur le gland et ont les cheveux gonflés au séchoir. Ils sont assis droits sur leur chaise et tapent du pied. Ils ont les yeux vifs et reniflent souvent.

Il y a une armoire à glace qui fait des étirements. Et une blonde qui se remet du rouge à lèvres. Ils parlent d'entraînement et de ce qu'ils vont faire vendredi soir. Ils bougent rapidement, marchent rapidement et mangent rapidement. Quand la cloche va sonner, à 13 h, ils vont se lever à toute vitesse et marcher du même pas. Celui de John Travolta dans *La fièvre du samedi soir*. Le pas des *fiers pets*.

La différence entre la gang de gauche et la gang de droite n'est pas financière, ni politique, ni sociale. La différence entre la gang de gauche et la gang de droite est musicale. Les jeunes de gauche écoutent Supertramp, Jethro Tull et Genesis. Ce sont des granos. Les jeunes de droite écoutent les Bee Gees, ABBA et Village People. Ce sont des discos.

Entre eux, il y a un mur. Ce n'est pas le mur de Berlin. C'est plus le *Wall* de Pink Floyd. C'est le mur du son. Jamais un disco ne va s'asseoir à gauche. Jamais un grano ne va s'asseoir à droite. Ils ne se parlent pas. Ils se méprisent. Les granos trouvent que les discos sont quétaines. Les discos trouvent que les granos sont pouilleux.

Si jamais un grano tombe amoureux d'une disco ou qu'un disco tombe amoureux d'une grano, c'est Roméo et Juliette, c'est *West Side Story*. La pression des amis est tellement forte que ça finit par casser. Les pouilleux et les quétaines ne se mêlent pas.

Quand on entre dans la cafétéria de Marguerite-Bourgeoys, on décide qui on est. On choisit son camp.

J'entre et je m'assois… au centre. Ma chaise est à la frontière. Je vis dangereusement. Les deux pattes arrière sont du côté des granos, les deux pattes avant, du côté des discos. Je porte une chemise en jean mais un pantalon blanc. J'ai les cheveux longs mais gonflés. J'aime Neil Young et j'aime Chic. Je suis un bi du *beat*. Ma blonde est disco, mes chums sont granolas, je suis un discola. Et c'est très exigeant.

Pour garder la sympathie du bloc de gauche, il faut que je connaisse les paroles de toutes les tounes de Frank Zappa ; pour garder la sympathie du bloc de droite, il faut que je sois capable de réciter toutes les répliques de *Grease*. J'y arrive.

Si les deux factions me tolèrent, c'est qu'elles n'ont pas vraiment le choix. Je suis le gars de la radio. Dans le collège, tous les haut-parleurs sont branchés sur la même radio. Les chromés ne peuvent écouter CKMF, les *poteux* ne peuvent écouter CHOM. Ils doivent tous écouter la même affaire : CEGEP-Radio.

Quand on fait jouer *I Will Survive*, de Gloria Gaynor, les granos manifestent devant notre local. Quand on fait jouer *Mellow Yellow*, de Donovan, les discos fessent dans notre porte. Alors on a réglé le problème, on ne fait jouer que du québécois. Pays oblige. Ça fait le bonheur surtout des granos. Pour des dizaines d'Harmonium, Séguin, Rivard, Piché, il n'y a pas beaucoup de Boule noire et de Toulouse. Les discos rongent leur frein. Mais ils se reprennent les soirs de danse. Donna Summer enterre Fabienne Thibault. De toute façon, les granos ne viennent pas aux danses du vendredi soir, ils sont encore dans la cafétéria.

Et je chante *La bite à Tibi* avec eux avant d'aller me coller sur *Three Times a Lady*.

C'était une époque unique, la fin des années 70. Les gens se définissaient par la musique. Deux cultures vivaient en parallèle. Les années disco, ce sont aussi les années antidisco. En même temps. Quand Rod Stewart ou Queen ont composé des tounes disco, c'est comme si Pierre Bourgault était devenu fédéraliste. Une trahison pour les uns, une consécration pour les autres.

J'avais 18 ans en 1979 et j'ai eu bien du plaisir à me promener des deux côtés de la cafétéria. Des deux côtés de la boule, en appréciant le meilleur des deux mondes. Ma belle jeunesse me revient à la tête et au cœur autant quand j'entends *London Calling*, des Clash que *Too Much Heaven*, des Bee Gees. Ce furent des années doubles. Et j'ai l'impression de les avoir vécues deux fois.

Vous vous en doutez, j'ai hâte d'aller voir le film *Funkytown*, qui décrit le côté miroir de la boule.

Won't you take me to Funkytown…

―――

Le 3 mai 2014

POUR EN FINIR AVEC LE RACISME

« Sur ton Instagram de merde, tu n'as pas à te montrer à côté de Noirs. Tu peux coucher avec, tu peux les faire venir chez toi, tu peux faire ce que tu veux avec eux, mais la moindre des choses est de ne pas en faire la publicité et de ne pas les emmener à mes matchs. » Donald Sterling semonce sa petite amie au téléphone. Elle a publié une photo d'elle avec Magic Johnson, la légende du basket, sur les réseaux sociaux, et ça le fait capoter. Donald Sterling est le propriétaire des Clippers de Los Angeles, une équipe de la NBA.

Jeudi soir, P. K. Subban a donné la victoire au Canadien de Montréal, en deuxième période de prolongation, avec un puissant tir de la pointe. Des partisans des Bruins ont passé une partie de la nuit à le traiter de *nigger* sur les réseaux sociaux. Certains lui ont conseillé de lâcher le hockey et de retourner jouer au basketball.

Dimanche dernier, le joueur du FC Barcelone Daniel Alves a reçu une banane lancée des tribunes. C'est un geste assez fréquent lors des matchs de foot. On lance des bananes et on imite le cri du singe pour se moquer des joueurs de couleur. Alves a ramassé la banane et l'a mangée.

La banane se digère mieux que la bêtise humaine.

En moins de sept jours, trois événements ont démontré que le racisme est toujours présent dans le monde du sport. Comme il l'est dans le monde tout court. Combien d'événements racistes, croyez-vous, ont eu lieu dans le monde tout court cette semaine ? Au moins 3 milliards. C'est juste qu'il n'y a pas toujours une caméra pour le montrer. C'est juste que tous les propos racistes ne sont pas partagés sur Twitter. C'est juste que toutes les conversations racistes ne sont pas enregistrées par les petites amies.

Quand Barack Obama a été élu président des États-Unis, on s'est dit : « Il est fini, le temps du racisme. » Ce qu'on peut être naïf ! Le racisme cessera quand il n'y aura plus de cons sur la Terre. Ne comptez pas trop là-dessus. Le nouveau CHUM et le nouveau pont Champlain risquent d'être bâtis d'ici là. Le racisme ne repose sur rien d'autre que la méchanceté. Le manque de lumière. L'ignorance. Le racisme est la pratique des lâches.

P. K. Subban est beau, riche, brillant et talentueux. Vous prenez pour Boston et il vous fait chier. S'il portait le B, il serait votre héros. Comment vous venger du tort qu'il fait à votre équipe ? Comment le diminuer ? En le traitant de nègre. Méchante trouvaille. Comme si c'était un défaut d'avoir la peau noire ! Les trois quarts des racistes s'étendent au soleil parce qu'ils se trouvent plus beaux le teint bronzé. Gang de jaloux.

De la peau, c'est juste de la peau, qu'elle soit blanche, noire ou jaune, qu'est-ce que ça change? On a tous le sang rouge. On est tous des frères de sang. En plus, au Québec, avec l'hiver qu'on a eu, qu'on vienne de la steppe ou du Plateau, on est tous verts.

Le racisme est une invention de faibles voulant se sentir supérieurs. En tout cas, moi chus blanc! Ouais, pis? Tout un accomplissement. Être valorisé par sa pigmentation, ça en dit long sur ses réalisations.

Il n'y a qu'une seule façon d'en finir avec les racistes, c'est de les rejeter. C'est ce que la NBA a fait avec le propriétaire des Clippers. Elle l'avait toléré trop longtemps. Cette fois, elle n'avait pas le choix. La pression médiatique a quand même du bon.

Les partisans des Bruins qui insultent P. K. Subban font honte aux Bostoniens. À eux de les rejeter. Il y a une façon de couper le sifflet à un *tweeteur* ordurier: le bloquer. Quand les racistes seront bloqués par tous les gens censés, leurs propos n'auront plus d'impact. Il faut que les foules dans les stades cessent d'être des lavettes. Qu'elles cessent de laisser agir la minorité d'agitateurs comme s'ils étaient leurs leaders. Quand 50 000 personnes vont se retourner contre un lanceur de bananes, je ne donnerai pas cher de sa fraise.

Dénoncer, c'est la clé. Ne jamais accepter, ne jamais tolérer un mot, un geste, une pensée dégradant les gens. C'est dans le silence de la majorité que naissent les crimes contre l'humanité.

La meilleure façon d'éviter de tomber dans le piège, c'est de ne jamais faire de généralités. Les Français ne sont pas comme ça. Les Japonais ne sont pas comme ci. Il y a des Français comme ça, il y a des Japonais comme ci. Comme il y a des gens d'ici comme ci, comme ça.

Exerçons-nous avec la race des fans des Bruins. Ne les traitons pas de tous les noms. Les fans des Bruins ne sont pas tous outranciers. Ceux qui ont insulté Subban, oui. Mais les autres, et c'est la majorité, ne sont que de braves chauvins comme nous. Tout ça, c'est juste pour s'amuser.

Même chose pour les joueurs. Sous leurs chandails rouges ou jaunes, ils sont tous de la même couleur: bleus, à force de se frapper dessus!

Bon match à midi trente!

Le sport peut être la représentation de ce qu'il y a de plus laid chez l'Homme. Il peut aussi être la représentation de ce qu'il y a de plus beau. Comme voir Canadiens, Américains, Russes, Tchèques, Danois, Suédois, Slovaques, Autrichiens, francos, anglos, Blancs, Noirs former un tout pour aller plus loin. *Go, Habs, Go!* Cela dit, en tout respect de Boston.

LES FÊTES, MON PÈRE ET LE SAC VERT

Il est tard dans la nuit. Tout le monde ouvre des cadeaux. Les nièces, le frère, la sœur, la mère, la blonde, la belle-sœur, le beau-frère, les amis. Il y a des sourires partout. Et des bouts de papier qui traînent. Bécaud, notre chat, s'amuse avec les choux.

Au début, on prend notre temps. Chacun regarde ce que l'autre reçoit. On commente. On complimente. Puis, soudain, c'est la pagaille. Marie-Pier avait trop hâte de donner son cadeau à Marie-Laure. Et Gabrielle avait trop hâte de donner le sien à Dominique. Bertrand prend trop de temps à ouvrir celui de Denis. Alors c'est parti! Ça déballe de partout. Ça déballe de tous les côtés. Des dizaines de mains tendent des offrandes à d'autres dizaines de mains. Demain, on saura qui a reçu quoi. Pour l'instant, on coupe les rubans et on déchire le papier. À toute vitesse. Comme si la boîte allait sauter. Comme s'il y avait une bombe dedans.

Soudain, ma sœur apparaît avec un grand sac de poubelle. Elle commence à ramasser tous les bouts de papier qui s'empilent autour des fauteuils et des canapés. Je suis sur le point de lui dire d'oublier ça. Qu'on ramassera plus tard. Quand tout le monde sera parti. Quand la fête sera finie. Ou on fera ça en se levant demain, ma blonde et moi. Mais en la voyant remplir son sac vert, j'ai un flash, je vois mon père.

Mon père faisait ça aussi. Mais lui, il n'attendait pas qu'il soit tard dans la nuit. Il n'attendait pas que les papiers de toutes les couleurs s'amoncellent, qu'il faille les ramasser à la pelle. Non, le premier cadeau était à peine déballé que papa apparaissait avec son sac vert pour jeter l'emballage. Mon père, c'était pas le père Noël, mon père, c'était le père Concierge.

Et ça me tapait sur les nerfs. Pas juste à moi. À ma mère aussi. Elle disait : Bertrand, attends donc un peu! Mon père faisait comme s'il ne l'entendait pas. Et continuait. On n'avait plus l'air d'ouvrir des cadeaux, on avait l'air de faire des dégâts. On avait presque le sac vert sous le nez. Prêt à engouffrer le premier bout de papier déchiré.

Je disais à p'pa : « Pourquoi tu ne fais pas ça plus tard? » Et il répondait : « Ça va être fait, ça va être fait… » Mon père était de l'école du « ça va être fait ». Il commençait à faire la vaisselle avant que le souper soit terminé. Il mettait les valises dans l'auto la veille du retour des vacances. Il enlevait ses pneus d'été le 1er septembre. Mon père était toujours prêt. Mais à quoi, je ne le sais. Toujours prêt à ne rien faire. Parce que tout était fait.

C'était le contraire de ma mère, pour qui les Fêtes, les vacances et l'été ne finiraient jamais. Tellement elle en profite. Tellement elle aime ça.

Ma sœur continue à entasser les emballages dans son sac. Je ne dis rien. Parce que ça me fait penser à papa et que ça me rend triste-heureux, et j'aime ça. Ça fait déjà trop longtemps que papa n'est plus là aux Fêtes. Et même s'il n'était pas monsieur Party, plus rien n'est pareil. Ça ne m'agacerait plus, le voir tout ramasser avec son sac vert. Complètement désintéressé par les cadeaux. Mais concentré sur sa tâche. Que tout soit propre. Que tout soit comme d'habitude. Comme c'est censé être.

Jeune, je croyais qu'il faisait ça pour nous embêter. Jeune, on croit que tout ce que font nos parents, c'est pour nous embêter. Mais en regardant ma sœur cueillir les restes d'emballage, je me dis que mon père voulait juste se rendre utile. Lui qui avait tellement de misère à s'amuser, à profiter de la vie, il s'était trouvé un rôle, une fonction, une job. La veille de Noël et la veille du jour de l'An, pendant que les autres riaient fort et s'extasiaient devant leurs cadeaux, lui faisait le ménage. Lui ramassait. Pour que tout soit bien.

À son dernier Noël, mon père n'était plus assez fort pour veiller avec nous. Il était resté dans sa chambre, au fond de la maison. Les papiers traînaient partout dans le salon. Qu'est-ce que j'aurais donné pour qu'il soit en train de les ramasser? Qu'est-ce que je donnerais pour qu'il les ramasse, cette année?

Ma sœur ramasse le grand bout de papier rouge devant moi. Je lui dis qu'elle me fait penser à papa. On se tombe dans les bras. Elle aussi, ça lui tapait sur les nerfs quand papa faisait ça, et voilà qu'elle fait comme lui. Il avait peut-être raison. C'est vrai que c'est dangereux, que quelqu'un peut s'enfarger et tomber. Mais nous, on aurait juste voulu qu'il s'amuse. Et qu'il soit heureux.

S'il avait déambulé entre nous avec son sac vert en blaguant, en fêtant… Mais il avait son air sévère. Son air de père.

Je parie qu'il avait de la joie au fond de lui. Qu'il était content d'être avec sa famille et les petites filles de mon frère. Qu'il chérissait ces moments autant que nous. Mais il ne savait pas le montrer. Pas plus à Noël que le reste de l'année. Et tout en ramassant les bouts de papier dans son sac vert, il ramassait les bouts de je t'aime dans son cœur rouge.

J'espère que, là où il est, il peut penser à ses Noëls avec nous. Comme moi, aujourd'hui, je peux penser à nos Noëls avec lui. Et sourire, le cœur serré.

Joyeux Noël, amis lecteurs ! Je vous souhaite l'amour et la santé. Et je vous suggère, durant vos partys, de faire attention à ceux qui semblent bouder, à ceux qui semblent à part. Aidez-les à ramasser les emballages. Essayez de les faire rire. Essayez de les faire fêter. Comme j'aurais dû le faire.

Bon, voilà que le sac vert se promène tout seul dans le salon. C'est Bécaud qui est au fond.

~~#~~

Le 18 décembre 2010

ON A ENCORE BESOIN D'YVON

Samedi dernier, ma blonde et moi roulons vers Québec en écoutant *L'autre midi à la table d'*à côté sur la Première Chaîne. Yvon Deschamps est en grande conversation avec André Gagnon. Deux hommes sensibles qui échangent sur la vie, c'est bon.

Comme toujours, les réflexions d'Yvon sont de petits bijoux.

Il parle de la vieillesse: «Il n'y a rien de drôle à vieillir, sinon que l'alternative est désagréable… Arrive un moment donné, pour les autres, où t'es juste un vieux. T'es plus rien d'autre qu'un vieux. T'es pus menuisier, t'es pus docteur, t'es pus chanteur… T'es vieux. Tu perds toute ta personnalité.»

Il parle politique: «La vie est pas aussi simple que les gens de droite veulent nous le faire croire, mais elle pourrait être moins compliquée que les gens de gauche la rendent.»

Il parle de l'humour: «On rit pas parce que c'est drôle, c'est drôle parce qu'on rit. Et quand ça va mal, ris. Pour rien. Force-toi physiquement à rire et, tout à coup, la vie devient plus agréable pendant quelques minutes, quelques heures. C'est aussi niaiseux que ça.»

Il n'y a pas de plus grand bonheur que d'écouter Yvon Deschamps parler. Cet homme sait parler parce qu'il sait penser. Ses propos nous frappent en plein cerveau puis ricochent dans notre cœur. D'abord, on les trouve brillants, puis, après, ils nous rendent meilleurs. Et surtout, on ne les oublie pas, parce qu'ils nous ont fait rire.

Souvent, les gens engagés, les gens qui défendent des causes, qui mènent des batailles, sont agressifs. Yvon ne l'est jamais. Il n'essaie pas de nous convaincre. Il n'essaie pas de nous vaincre. Il essaie de nous faire gagner. Il ne nous parle jamais comme quelqu'un qui en sait plus que nous. Il nous parle toujours comme quelqu'un qui voudrait en savoir plus sur nous.

Les petites pensées d'Yvon deviennent de grandes vérités. Il y en a tellement de stockées sur notre disque dur collectif:

«On veut un Québec indépendant dans un Canada fort.»

«On ne veut pas le *savouère*, on veut le *vouère*!»

«Un vrai Québécois, c't'un communiste de cœur, c't'un socialiste d'esprit, pis c't'un capitaliste de poche.»

Des phrases percutantes qui nous ont permis de nous connaître. Et qui nous aident maintenant à nous reconnaître.

Cinq décennies après ses débuts, il demeure unique. Aucun artiste ne peut prendre sa place. On n'aime personne autant que lui, parce que personne ne nous aime autant que lui.

L'émission terminée, je me sens moins con, comme chaque fois après avoir écouté du Yvon. Je m'ennuie de lui. On ne l'entend plus assez. Il devrait être à la radio tous les jours. Ou faire de la télé. Ou mieux encore, remonter sur scène. On a besoin de sa vision, de sa sagesse, de sa tendresse. Je vais l'appeler pour le lui dire. Je prends mon cellulaire (je ne suis pas en infraction, c'est ma blonde qui conduit!).

Ça sonne, Yvon répond :

« Allô ?

— Allô, mon idole, c'est Stéphane Laporte. Je viens de t'écouter à la radio avec André Gagnon. C'était tellement bon. J'en aurais pris pendant 10 heures. Christie que ça fait du bien d'entendre quelqu'un qui a le cœur intelligent ! Comment tu vas ?

— ... »

Pas un son durant quelques secondes. Puis, finalement, j'entends : « Je ne vais pas très bien. Vraiment pas bien... »

Yvon s'en veut de ne pas avoir été solidaire avec des syndiqués en *lock-out* en accordant une entrevue au *Journal de Montréal*.

« Je suis en train de leur écrire une lettre pour m'excuser. »

Je le sens accablé et triste.

Moi qui l'appelais pour le convaincre d'être plus présent… Mauvais *timing*. Mon idole prend sa retraite. Il se sent vieux. Je lui dis qu'il ne sera jamais juste un vieux. Qu'il sera toujours le plus grand humoriste. Que 75 ans, c'est tout jeune. Que Mao régnait sur la Chine à 83 ans. Ça le fait rire. Mais juste un peu. Il a trop mal. Et ça me fait mal de l'entendre ainsi.

Si Yvon est si profond, c'est qu'il y a un grand trou en lui, creusé par l'angoisse. C'est cette angoisse qui lui a fait dire tant de choses édifiantes. C'est cette angoisse qui aujourd'hui le fait taire. Parce qu'il n'en veut plus. Fini la peur de décevoir. Fini le stress de l'homme public.

Yvon Deschamps est la conscience du Québec. Notre conscience se sent un peu mêlée. Elle a besoin d'un *break*. Elle a décidé de se retirer. Qu'est-ce qu'on va faire sans conscience? J'ai peur qu'on devienne encore plus cons.

Reviens-nous vite, Yvon! On a encore besoin de toi.

On aura toujours besoin de toi.

LA BATAILLE DES PLAINES D'ABRAHAM

Le 13 septembre 1759, 6 h du matin, les Anglais sont en formation sur les plaines d'Abraham. Deux mille cent soldats en ligne. Prêts à attaquer. Devant eux... personne. Les Français ne sont pas là. Que font-ils? Les Français discutent:

Je ne suis pas d'accord avec le lieu de l'affrontement...

Moi, je le trouve très bien, l'emplacement, c'est sur le plus plat. Tant qu'à mourir, aussi bien que ce ne soit pas trop fatigant.

Fainéant! Ça manque de relief. Pensez à la peinture qui immortalisera cette bataille, elle sera beaucoup trop linéaire. Il faut se rapprocher des falaises, on verra le fleuve derrière, ce sera de toute beauté. Il y aura le bleu de l'eau, le blanc de notre chair et le rouge de notre sang.

J'veux bien, mon général, qu'on se place pour la peinture, mais Wolfe et ses hommes, ce n'est pas là qu'ils sont. Et si on veut les repousser, on n'a pas d'autre choix que d'aller se positionner devant eux.

Justement, c'est ce qui m'agace des Anglais, c'est toujours eux qui décident…

Vous ne vouliez quand même pas qu'ils vous fassent choisir l'endroit de leur attaque-surprise?

Si. Cela aurait été beaucoup plus respectueux de notre culture. Après tout, c'est eux qui s'invitent chez nous, c'est la moindre des politesses.

Mon général, si on ne va pas se mettre en ligne, ce ne sera plus chez nous, ça va être chez eux.

10 h. Mille neuf cents soldats français sont alignés devant l'armée anglaise. Personne ne bouge. Montcalm a reçu des ordres de son supérieur Vaudreuil de ne pas attaquer, alors en bon Français, il décide de faire le contraire:

On ne va pas passer toute la journée à regarder les Anglais dans les yeux. En plus, j'ai un rendez-vous galant sur la Grande-Allée, ce soir. Le temps de me pomponner et tout, il faut avoir fini avant le milieu de l'après-midi… Allez, feu!

Les Français tirent. Le problème, c'est qu'ils auraient dû courir vers l'ennemi avant de tirer. Ils ont fait le contraire. Ils ont tiré en premier et couru après vers l'ennemi. Ce qui fait que lorsqu'ils ont tiré, ils étaient trop loin des Anglais, leurs balles ne se sont pas rendues. Et comme après ils ont couru, ils étaient assez proches pour recevoir les balles des Anglais, pendant qu'ils rechargeaient leurs armes.

La bataille a duré 15 minutes. Même pas une période de hockey. À peine le temps d'un bulletin d'informations sur LCN. Mais ce fut un mauvais quart d'heure. Les deux généraux des deux armées rivales ont perdu la vie. Rapidement, Wolfe fut remplacé par le second plus haut gradé, Townsend. Chez les Français, ce ne fut pas si simple. Chacun des officiers se croit dans son droit de diriger les troupes. Le lieutenant Vert propose qu'on abandonne la bataille car on est en train de trop abîmer le gazon des Plaines. Le lieutenant Labeaume, au contraire, veut que l'on charge et que l'on fonce jusqu'à Montréal. En profiter, ainsi, pour annexer Montréal à Québec.

Heureusement, le big boss, le gouverneur général de la Nouvelle-France, Pierre de Rigaud de Vaudreuil, arrive enfin à Québec en chantant: «*En revenant de Rigaud, a wouin, a pite, a winaha…*» Il tient un conseil de guerre. Les Anglais assiègent la ville, il faut agir. Il faut prendre une décision. En bon leader de la Nouvelle-France, Vaudreuil décide de faire un référendum. Il demande à ses troupes: Voulez-vous que, demain matin, au péril de notre vie, on attaque les Anglais et qu'on libère notre pays? Ses hommes répondent: NON. Ils préfèrent essayer de négocier une capitulation-association.

Les Français décident de se rendre mais à leurs conditions. Ils dressent une liste de 101 conditions. En voici quelques-unes:

Bien que nous devenions sujets britanniques, nous pourrons continuer à manger des croissants plutôt que des muffins anglais.

À 5 h, nous aurons le choix entre une tasse de thé ou une bouteille de Red Bull.

En échange de toutes nos richesses naturelles, nous conservons le droit de chialer contre les Anglais.

En aucun temps, nos équipes de hockey ne devront aligner moins de trois joueurs francophones.

Dans 250 ans, quand on commémorera cette bataille, le descendant de Wolfe devra être sur place et chanter Libérez-nous des libéraux.

Quand les Anglais ont reçu les termes de la capitulation de Québec, ils sont devenus perplexes. Townsend a enlevé son grand chapeau, s'est gratté la tête en disant : « Finalement, je me demande si on n'aurait pas été mieux de la perdre, cette bataille-là... *It will not be a walk in the park...* »

Le 13 juillet 2013

LAC-MÉGANTIC

C'est une journée qui commence comme tous les samedis: doucement. La radio joue pendant qu'on s'étire. Aux nouvelles, ils disent qu'il y a eu une explosion à Lac-Mégantic. Ah bon!? Plus de détails à venir. Puis la musique reprend. On saute du lit. Allons profiter du soleil, depuis le temps qu'on l'attend.

Ma blonde et moi, on ramasse un chausson aux pommes et un carré aux dattes chez Première Moisson, et on va manger ça dans le parc Outremont. C'est notre routine du week-end. Un chapelet de petits moments plaisants. Des habitudes qui font que tout autour de nous semble exister depuis toujours et pour toujours. La veille fontaine est de retour au milieu de l'étang. On est bien.

Marie-Pier reçoit un texto. C'est Pascale-Anne. Elles vont souper entre filles, ce soir, avec leur amie Mélanie. Pascale-Anne n'ira pas. Sa famille vient de Lac-Mégantic. Elle est trop bouleversée. Que se passe-t-il?

Nous retournons tranquillement à la maison. Avant de ressortir faire des courses, j'allume la télé pour en savoir plus. Et je vois un village qui brûle. Je ne ressortirai plus. Je veux rester là. Avec eux. J'écoute les témoins raconter la catastrophe et je partage mon émoi sur le fil Twitter.

Les chaînes de nouvelles en continu, c'est comme si, dans notre maison, il y avait toujours une fenêtre qui donnait chez un voisin où ça va mal. La plupart du temps, le voisin est en Afghanistan, en Irak, en Haïti, au Mali, des fois aux États-Unis. Cette fois, le voisin est tout près. Tellement près que j'ai l'impression de sentir le pétrole.

J'essaie de comprendre. Quand c'est une catastrophe causée par un tremblement de terre, un tsunami ou un ouragan, il n'y a rien à comprendre. C'est un *act of God*. Ça nous dépasse. Cette fois, Dieu n'y est pour rien. Cela aurait pu ne pas arriver. C'était à notre hauteur. À hauteur d'hommes. Quelqu'un quelque part aurait pu faire quelque chose et ce drame aurait été évité. Comme les milliards de drames potentiels, chaque jour, évités grâce à toutes ces voitures qui ne roulent pas trop vite, à tous ces avions dont les ailes sont bien dégivrées, à tous ces trains qui sont bien immobilisés, à tous ces produits dangereux bien surveillés, à tous ces humains qui font attention aux autres.

Devant mon écran, je rage contre la société de chemin de fer fantôme, même pas fichue d'un peu d'humanité. Une personne normale fait son marché, elle pousse par inadvertance avec son chariot la personne devant elle. La fautive s'excuse, s'informe si l'autre est correct, demande si elle peut faire quelque chose, se sent mal un petit peu.

Le train de la MMA a détruit un centre-ville et tué des dizaines de personnes, et l'entreprise n'est même pas la première à manifester son inquiétude. À vouloir réparer. Aucun réflexe d'entraide. Seulement, le seul réflexe qu'elle connaisse: penser à elle. Sauver la *business* d'abord. Le réflexe des lâches: l'égoïsme. Ce qu'il y a de dramatique pour la MMA, c'est que cet événement fait mal à l'entreprise, ce n'est pas le mal dont souffrent les gens qui ont perdu leurs proches et leurs maisons. La fausse sympathie du milieu de semaine est aussi révoltante que l'indifférence du week-end.

Il n'y a pas de peine plus douloureuse, plus lente à guérir, que celle qui s'accompagne de rage. La plaie de Lac-Mégantic sera vive longtemps. Heureusement que le gouvernement du Québec fait ce qu'il faut faire. On ne peut pas en dire autant du gouvernement canadien. Grouille-toi, Canada! Ta valeur de foi trempée est censée protéger nos foyers. En démocratie, chaque citoyen est aussi important que la reine. L'aurais-tu oublié? On ne peut pas laisser des wagons-bombes comme ça, sur une voie ferrée, sans surveillance, sans protection. Pas besoin d'être ministre pour savoir ça.

C'était un vendredi soir qui finissait comme tous les vendredis soir de beau temps: doucement. Si doucement que samedi était arrivé sans qu'on s'en rende compte. Partout, il y avait plein de gens sur les terrasses. À la terrasse du Musi-Café de Lac-Mégantic, aussi. Y'avait aussi des gens dans le bar. Ils buvaient, parlaient, riaient. Un chapelet de petits moments plaisants. Des habitudes, qui font que tout autour d'eux semblait exister depuis toujours et pour toujours. Mais des wagons se sont mis à exploser. Et le toujours s'est arrêté, à jamais.

Mourir en pleine vie, en plein petit bonheur, c'est la traîtrise du destin.

Être en vie est une chance, notre seule chance. À la fin de la journée, nous sommes tous des survivants. Nous l'oublions trop souvent. Pourquoi faut-il des trains de la mort pour nous le rappeler?

Aujourd'hui, nous retournerons sûrement, ma blonde et moi, petit-déjeuner dans le parc Outremont. En sachant que ce bonheur ne tient qu'à un fil. Le fil invisible qui nous unit tous les uns aux autres. Qui nous unit tous à la vie.

Mes plus sincères condoléances aux familles éprouvées. Des pensées toutes spéciales aux parents de Geneviève Breton, Réal et Ginette, et à ses frères Jonathan et Sébastien. J'ai croisé votre Geneviève à quelques reprises, le temps de quelques auditions et d'un gala de Star Académie. De très courts moments, mais assez longs pour remarquer toute la lumière qui l'habitait. C'est cette lumière qui vous aidera, qui nous aidera, à sortir de la longue nuit du 6 juillet. L'amour de la vie.

POLITICIENS ET PARTIES INTIMES

En 2011, Anthony Weiner a dû renoncer à son siège à la Chambre des représentants des États-Unis parce qu'il avait publié, sur Twitter, une photo de son sexe au garde-à-vous, sous son caleçon. Il croyait envoyer cette photo en message privé à une étudiante. Le message était public. *Ouch*!

Weiner s'est confondu en excuses et a promis de ne plus recommencer. Il a tenu parole. Il n'a plus envoyé de photos de son sexe, sous son caleçon, à de jeunes étudiantes, il a envoyé des photos de son sexe, sans son caleçon, à de jeunes étudiantes. Tant qu'à être un politicien transparent, aussi bien l'être au complet.

Ce nouveau scandale sexuel survient au moment où Weiner tente de se faire élire maire de New York. La Grosse Pomme a trouvé son Adam.

La nouvelle génération de politiciens a une bien curieuse façon de se mettre les pieds, pour ne pas dire la queue, dans les plats. Autres temps, autres mœurs. Avant, les maîtres du pouvoir étaient tout aussi obsédés par le cul, mais pas de façon virtuelle. Ils vivaient leurs instincts de façon bien réelle.

Dominique Strauss-Kahn, 64 ans, n'envoyait pas son zizi en photo aux femmes qu'il convoitait. Elles avaient droit à la version 3D. Bill Clinton n'a pas séduit Monica Lewinsky avec des photos de son saxophone. Il a bien fait quelques séances de sexe au *phone* avec elle, mais la plupart de leurs rencontres avaient lieu en chair et en cigare dans le bureau ovale.

La plus grande peur de ces patriotes volages, c'était justement que quelqu'un prenne une photo de leur drapeau hissé haut et les fasse chanter. Ils érigeaient donc tout un système pour que leurs ébats demeurent confidentiels. Pour ne laisser aucune preuve de leurs fantaisies sexuelles. Consommer sans se faire pogner était leur devise.

Pour les hommes politiques à l'ère des médias sociaux, c'est l'inverse : se faire pogner sans consommer.

Anthony Weiner, 48 ans, n'a jamais couché avec la jeune étudiante avec qui il échangeait des sexto. Il lui a tout simplement envoyé des photos de son pénis en gros plan. Il a tout simplement donné la preuve accablante de sa déviation à une inconnue. La perversion n'est plus ce qu'elle était.

La vie personnelle des politiciens, quand elle se déroule entre adultes consentants, ne concerne pas le public. Le problème, c'est que ce sont les politiques eux-mêmes qui la rendent publique. Personne ne souhaitait voir le *wiener* de Weiner, mais il nous l'a montré.

On peut mettre en doute le jugement d'une telle personne appelée à prendre des décisions en notre nom.

Pensez-y, vous êtes un homme public. Votre image fait foi de tout. Et vous prenez une photo de votre biscuit et vous la répandez dans la cybernétique. Ça va pas, la tête?! Il existe tellement d'autres façons de s'amuser.

Avant, les conjointes trompées embauchaient des enquêteurs pour qu'ils filent les maris *courailleux* et prennent des photos de leurs actes pour les confondre. Maintenant, plus besoin d'enquêteurs, le chaud lapin prend lui-même la photo compromettante! Il la publie en plus!

Anthony Weiner a réinventé le concept de la pancarte électorale. Finie la photo de la face figée. Une bite bien vigoureuse est beaucoup plus vendeuse.

Le phénomène est mondial.

Lars Ohly, 56 ans, député suédois, a mis une photo de son sexe sur Instagram. Il a expliqué son geste en disant qu'il voulait montrer le tatouage du logo du club de football de Liverpool qu'il venait de se faire dessiner sur la jambe. Ben oui! Et les deux couilles qui dépassaient, il pensait que c'était quoi? Des ballons de foot poilus?

Heureusement, la mode n'a pas encore gagné le Québec. Philippe Couillard n'a pas encore dévoilé ses couilles. Sur Twitter, Denis Coderre n'exhibe que son sourire. Amir Khadir n'a pas encore manifesté dans son plus simple appareil. Et François Legault se garde une petite gêne. On les en remercie tous.

Ce nouveau type de scandale sexuel est révélateur de l'époque dans laquelle nous vivons. Une activité n'est vraiment consommée que si elle est partagée sur les réseaux sociaux. On ne se contente plus de triper avec les gens que l'on connaît. C'est beaucoup plus excitant de triper avec les inconnus. L'intimité n'existe plus.

En espérant que les politiciens ne feront pas que se mettre à nu physiquement. Et qu'ils ne nous cacheront rien de ce qui nous concerne vraiment. La poche qui nous intéresse, c'est celle dans laquelle ils mettent notre argent.

Le 22 mars 2009

L'HOMME ET LE SPA

Vendredi matin, c'est le printemps. C'est aussi mon anniversaire. Quarante-huit printemps, justement. C'est jeune. L'âge d'un joueur de hockey dans la ligue nationale. (Un seul, pour être franc: Chris Chelios. Oui, je sais, il a 47 ans, mais avec tous les *partys* qu'il a derrière la coquille, ça lui fait au moins 48.)

Ma blonde a des plans. Elle veut me donner ce dont j'ai le plus besoin: du repos. Elle nous a réservé une journée au spa. Une journée à se faire dorloter. En même temps. Les deux, un à côté de l'autre. Quelle tendre idée!

Les portes de l'ascenseur s'ouvrent. Nous voilà au 12ᵉ étage d'un grand hôtel du centre-ville, au spa Izba. Une dame nous accueille. Autour d'elle, il y a des tablettes remplies de crèmes. Toutes sortes de crèmes. Des crèmes pour le visage, le corps, les pieds, les fesses, des crèmes pour toutes les parties.

La dame parle doucement. Ma blonde lui répond en chuchotant. On se croirait dans une église. L'église de la relaxation. Je me sens bizarre. Pas dans mon élément.

L'ambiance est trop crémeuse. Un homme qui débarque dans un spa, c'est comme un homme qui débarque dans un *shower*. Je ne suis pas censé être là.

J'ai l'air de Rémi dans *Les Invincibles*. Vous savez, la fois où il a accompagné sa blonde au yoga. Elle voulait qu'il relaxe lui aussi.

Il faut enlever ses souliers pour mettre des *gougounes*. J'ai jamais mis de *gougounes*. Y a un début à tout.

On s'en va se changer. La loge des femmes est grande et spacieuse, celle des hommes est petite et exiguë. La preuve que, ici, nous sommes des touristes. La clientèle est avant tout féminine. Il y a quelques exceptions. Quelques hommes qui ont reçu un chèque-cadeau de leur femme.

L'homme est un ours. Il n'est pas fait pour se faire bichonner. L'homme aime les activités viriles. Escalader l'Everest. Chasser le lion. Crier contre l'arbitre au hockey.

Marie-Pier note mon malaise : « Qu'est-ce que t'as ?

— Je sais pas… J'ai l'impression d'être malade. Tu sais, moi, j'aime l'action…

— Ça va te faire du bien. »

Je suis en peignoir noir, je suis prêt. Dernière formalité avant la grande détente : il faut remplir un questionnaire sur notre état de santé. Avez-vous des problèmes cardiaques ? Prenez-vous des médicaments ? Signez ici pour dégager l'établissement de toute responsabilité.

Je ne m'en vais pas sauter en parachute, je m'en viens me faire masser ! Je ne savais pas que le massage était un sport extrême. Ah! les femmes, comme elles sont douillettes. Pourquoi autant de précautions? Il me semble que plus on est mal en point, plus on a besoin de se faire tripoter.

Une gentille massothérapeute vient prendre le formulaire: « Savez-vous en quoi consiste le massage Izba?

— Non.

— Je vais vous l'expliquer. Le massage se donne dans le sauna, car le but est de provoquer un choc thermique qui permet de libérer les toxines contenues dans le gras corporel.

— Cool...

— Quand votre corps va transpirer, nous allons, avec des feuilles de chêne chauffées, vous fouetter légèrement, puis vous frictionner avec du miel avant de vous lancer un seau d'eau froide pour provoquer le choc thermique.

— Ah ben... »

Ma blonde semble ravie. Je suis dubitatif. Pour moi, le concept de repos, c'est s'allonger devant RDS. D'ailleurs, ça ne s'appelle pas RDS pour rien: Relaxation Détente Spa. Avoir trop chaud, puis trop frette et se faire fouetter entre les deux, ça ne me tente pas. Mais c'est le cadeau de ma blonde, et elle est si heureuse de me l'offrir. Surtout qu'elle a choisi tout ça avec la belle-mère. De quoi vais-je avoir l'air? J'ose quand même poser une question: « Vous allez... euh... nous fouetter?

— Pas fort. On va balayer les feuilles de chêne sur votre corps...

— Et l'eau froide va être vraiment froide?

— Glacée.

— Ah ben... »

L'homme a beau être un ours, il n'en est pas moins *moumoune*. Heureusement, sa compagne le sait mieux que quiconque. Marie-Pier me sourit: « Y me semblait que tu voulais de l'action?

— Pas tant que ça, finalement.

Elle se retourne vers la massothérapeute:

— Est-ce possible de changer le forfait et de prendre un massage normal, sans aucun choc?

— Bien sûr.

Je me sens poche:

— Marie-Pier, si tu veux aller dans le sauna, c'est correct, ça avait l'air de te tenter.

— Ce que je veux, c'est être avec toi. »

Ma blonde et moi avons donc eu un massage ordinaire. Qui m'a fait énormément de bien. Ça m'a enlevé tous les nœuds dans le cou, sur les épaules, dans le dos, sur les mollets. Tout le long du massage, j'avais un grand sourire dans le visage. Le sourire du gars qui sait que sa blonde veut être avec lui. Il n'y a pas plus grand bonheur!

Joyeux printemps, tout le monde! Prenez soin de vos amours!

LA CROIX ET LA BANNIÈRE

Alors? De quel bord êtes-vous? Vous n'avez pas le choix, il faut être d'un bord ou l'autre. Et il faut l'être de façon agressive. On ne fait pas de quartier. Crois ou meurs. C'est la troisième grande division du Québec. Le troisième gros schisme. Après le OUI et le NON, le Canadien et les Nordiques, c'est les pro-Charte et les anti-Charte. Choisis ton camp, et vite !

Aussitôt que le PQ a présenté sa charte des valeurs québécoises, l'opinion médiatique s'est déchaînée. Il faut dire qu'elle était prête. Ça faisait déjà un mois qu'elle chialait par anticipation. Le ministre Drainville a reçu une avalanche de critiques, heureusement pour lui, en bon saint-bernard, il semble tenir le coup.

Le festival de l'entre-déchirement a commencé. Première victime : Maria Mourani, expulsée du caucus du Bloc québécois parce qu'elle s'opposait à la Charte. *So what* ? On ne peut pas être souverainiste et contre le fait que la préposée au « bureau des licences » doive enlever son foulard ? Ç'a pas rapport. Mais les souverainistes sont les champions de l'entre-déchire-ment. Ils ont le piton du siège éjectable sensible. Que ce soit pour un projet d'aréna ou de valeurs, toutes les raisons sont bonnes pour s'expulser les uns les autres.

Au Québec, les allégeances ont un effet domino. Si t'es pour le OUI, t'es pour les Nordiques et t'es pour la Charte. Si t'es pour le NON, t'es pour le Canadien et t'es contre la Charte. Ce n'est d'aucune logique, mais c'est comme ça.

Que voulez-vous, le Québécois n'est pas logique. Ça ne fait pas partie de nos valeurs. C'est Yvon Deschamps qui l'a dit, le Québécois veut un Québec indépendant dans un Canada Uni. Maintenant, le Québécois veut un État laïque avec un crucifix dans l'Assemblée nationale. Nous vivons en Absurdie.

On prend toujours le chemin le plus difficile, le plus impossible. La croix et la bannière. Dans ce cas-ci: la croix et la bannière de la laïcité. On veut les deux. On veut toujours les deux. Lévesque et Trudeau. Le beurre et l'argent du beurre.

En ce moment, si on se fie aux médias sociaux et aso-ciaux, c'est la guerre civile au Québec. Les pro-Charte et les anti-Charte sont tellement radicaux dans leurs propos que l'on croirait leurs positions à des océans, les unes des autres. Pourtant ce n'est pas le cas. Pas du tout.

Prenez le chef du Parti libéral, Philippe Couillard, celui qui pourfend le plus le projet péquiste, il est d'accord avec tous les points de la Charte, sauf un. Il est d'accord pour que les services de l'État soient donnés et reçus à visage découvert. Il est d'accord pour que les accommodements raisonnables respectent le principe de l'égalité homme-femme. Il est d'accord pour que la neutralité de l'État soit ajoutée à la Charte québécoise des droits et libertés. Il est même d'accord pour que le crucifix soit conservé dans l'Assemblée nationale de l'État laïque. Son seul point de divergence: il est contre l'interdiction des signes religieux ostentatoires dans la fonction publique. Quatre points d'entente sur cinq, c'est pas mal. Le verre est à 80 % plein, pourtant on le voit vide. Pourtant, on décrit la situation, de part et d'autre, comme si le clan opposé était composé d'extrémistes.

Quand les extrémistes sont à 20 % de vouloir la même chose que toi, ce ne sont plus des extrémistes, ce sont des proches.

Il faut respirer par le nez. Il n'y a pas de quoi en faire une crise de société. Il y a seulement un aspect de la patente qui nous divise. Soyons zen. On va arrêter de se crier des bêtises et apprendre à se parler. Des deux côtés. Quand Couillard a émis l'hypothèse d'adopter une charte comprenant tous les points avec lesquels il était en accord, Drainville l'a viré comme une crêpe. Voyons! Si provoquer un débat, c'est vouloir entendre seulement les gens qui pensent exactement comme nous, l'exercice est inutile.

Personnellement, si j'avais des directives à donner à la fonction publique, celle en tête de ma liste, ne serait pas d'interdire les signes religieux, ce serait plutôt d'interdire les signes déplaisants; comme l'air bête ou le je-m'en-foutisme. Ça me dérange plus qu'un gros scapulaire dans le cou.

La liberté de s'habiller comme on le veut est un droit fondamental. Que tu veuilles afficher Dieu ou Nike, ça te regarde. La grande question est de savoir si un employé de l'État doit durant ses heures de travail représenter, dans sa tenue, la neutralité de son employeur. Ça se défend très bien pour les personnes en autorité. Un arbitre ne pouvant porter le chandail du Canadien. Ça se défend moins bien pour tous les autres. Disons qu'il y a matière à discussion.

Surtout que la clause de l'interdiction des signes religieux ostentatoires dans la fonction publique est, à la base, sujette à interprétation. Ça soulève plein d'interrogations. Si Francine Grimaldi travaillait à Télé-Québec au lieu de Radio-Canada, devrait-elle enlever son turban? Qu'est-ce qu'on fait avec les tatouages? Un Zombie Boy avec une croix tatouée dans le front peut-il être fonctionnaire? Un fonctionnaire circoncis baissant son pantalon dans un party de bureau contrevient-il à la Charte? Doit-on mesurer son zizi pour savoir s'il est ostentatoire?

Une chose est sûre, s'il y a une valeur fondamentale dont on peut être fier au Québec, c'est la paix. Il faut, peu importe de quel côté on est, faire en sorte de ne jamais la perdre. Et il n'y a qu'une façon de la conserver, c'est en se respectant mutuellement.

Les Québécois ne veulent qu'une chose: être pareils mais différents.

C'est pourtant simple...

L'ANGOISSE DE SE BROSSER LES DENTS

Il est minuit passé. Je suis un peu fatigué. Assez travaillé. Je quitte mon ordinateur et je me prépare à me coucher. Je prends une petite douche en vitesse et je me brosse les dents. J'étale le dentifrice sur la brosse, j'ouvre le robinet. Je passe ma brosse sous l'eau. Et je frotte mes dents en me regardant dans le miroir, sans vraiment me voir. En pensant à mon oreiller. Soudain, j'entends une voix :

— Erme le binet !

C'est qui, ça ? Ça doit être ma blonde ? Je pensais qu'elle dormait. Mais qu'est-ce qu'elle dit ? Je ne comprends pas. Un deuxième cri :

— Erme le binet !

On dirait du Russe. Je sais qu'elle défend toujours Kovalev, mais de là à apprendre le Russe !? Faut dire que le bruit de l'eau qui coule n'aide pas la communication ! Je ferme le robinet.

— Enfin !

— Enfin quoi ?

— Enfin, tu as fermé le robinet !

— Je ne comprenais pas ce que tu disais…

— Ferme le robinet.

— Ben, il est fermé le robinet. Qu'est-ce que tu disais ?

— Je disais de fermer le robinet !

Abbott et Costello, version Un gars, une fille. Avec tout ça, j'ai pas fini de me brosser les dents. J'ouvre l'eau pour rafraîchir ma pâte.

— Erme le binet !

J'allume enfin. Je ne suis pas vite. Pourtant, ce n'est pas la première fois que ça arrive. Chaque fois que je me brosse les dents, c'est la même chose. Mais d'habitude, ma blonde est moins loin et moins endormie. Et moi aussi. Marie-Pier ne peut tolérer que je laisse couler l'eau du robinet quand je me lave les dents. Des fois j'obéis. Des fois pas. Ça dépend si je me sens rock'n'roll ou pas. Cette nuit, j'obéis. Mais trop tard. Je sors de la salle de bains. Ma blonde se remonte dans les oreillers :

— J'en reviens pas que tu laisses couler l'eau !

— Je l'ai fermée…

— Ben oui… Tu l'as laissée couler ben trop longtemps.

— Y a rien là !

— Comment ça, y a rien là ? Où est ta conscience écologique ? La planète va péter à cause de toi !

Quand la planète pétera, au moins j'aurai les dents propres! C'est pas que je veux mal faire, mais je ne comprends pas trop quand on doit couper l'eau lors du lavage des dents. Je sais que ça semble très important. Quand Jean Charest est venu voir les chanteurs et chanteuses de *Star Académie*, il leur a dit: «Les jeunes, n'oubliez pas de ne pas laisser couler l'eau quand vous vous lavez les dents. Le gouvernement laisse plein de compagnies polluer l'environnement comme bon leur semble, mais il a le souci d'économiser le filet d'eau du brossage de dents.» J'entends ma blonde dire: «C'est avec le filet d'eau de chacun qu'on fait des océans!» Elle a raison.

Mais faut bien ouvrir le robinet pour humecter la pâte, sinon la pâte ne s'étend pas sur les dents. Puis quand on crache la pâte, faut bien que l'eau coule pour que le crachat ne reste pas dans le lavabo. Surtout que moi, je prends de la *Close-up*. C'est rouge et épais. Ça tache. Et j'aime bien repasser ma brosse sous l'eau entre chaque période de brossage pour enlever les restants de nourriture sur la brosse. Donc le seul temps où l'eau coule pour rien, c'est le temps où la brosse est dans la bouche. Trois fois 20 secondes. Une minute, gros max! Ça, c'est quand on brosse en masse! Je sais, les dentistes disent qu'il faut brosser nos dents durant 10 minutes. Mais c'est avec nos dents usées que les dentistes font de l'argent.

Ma blonde a travaillé toute la soirée. Avant de se coucher, elle s'est fait couler un bon bain chaud. La baignoire a bien dû prendre 10 minutes pour se remplir.

Mais ça, c'est écologique. Parce que dans le bain, elle lisait des livres à propos de l'environnement.

Tandis que ma minute d'eau gaspillée pour mon brossage de dents fait de moi un terroriste. Je suis pire que la Union Carbide India Limited. Je suis le responsable de la catastrophe écologique à venir.

C'est sûr que ma blonde va finir par m'avoir. Désormais, chaque fois que je me lave les dents, j'entends clairement sa voix dire : « Ferme le robinet ! » Que Marie-Pier soit là ou pas. Et savez-vous quoi ? Quand elle n'est pas là, je ferme le robinet. Docilement. Même en souriant. Ses convictions m'émeuvent. Mais quand elle est là, je laisse l'eau couler un peu plus longtemps. Juste pour prouver que je ne suis pas totalement soumis. Je lui ai dit tellement souvent que c'était des niaiseries tout ça, je ne veux pas avoir l'air de reconnaître que j'avais tort.

Si la fin du monde arrive un jour, ce sera à cause de l'orgueil de l'homme. Ça, c'est sûr. C'est Stéphane Dion qui a raison : il faut laisser gagner les femmes vertes !

Le 11 novembre 2007

SA MAMAN NE L'AIMAIT PAS

Il est tard, passé minuit. Ma blonde travaille dans son bureau. Je zappe dans le lit. Il y a un match de hockey sur la côte Ouest… Il y a *Les lionnes* à Radio-Canada… Il y a Letterman à CBS… Charlie Rose à PBS… Mireille Dumas à TV5. Ah? J'aperçois Gérard Lenorman à sa table. Je m'arrête là. Quand j'étais petit, j'aimais bien Gérard Lenorman. Pas autant que Bécaud et Fugain, mais quand même, il avait de quoi. *Quelque chose et moi, Michèle, Si tu ne me laisses pas tomber.* De jolies chansons naïves avec un brin de tristesse. *La ballade des gens heureux*, ça tranchait avec la morosité du monde. Peut-être même trop. Elle a fini par nous taper sur les nerfs, sa ballade.

J'écoute encore beaucoup les Bécaud et Fugain de mon enfance. Mais Lenorman, ça doit faire depuis mon premier bouton. Qu'est-ce qu'il raconte de bon? Je monte le son. Il doit sûrement dire que la vie est belle. Que tout le monde brille un peu. Que l'oiseau fait ce qu'il peut.

Pas du tout. Il révèle le secret de son enfance. Gérard est un bâtard. Il est le fils d'un soldat allemand. À 16 ans, sa mère a succombé à l'ennemi. Puis le soldat est retourné chez lui. Gérard est né en février 1945, caché dans un couvent. Sa mère a dû quitter le village pour fuir la rumeur, la honte et la haine.

Jusque-là, l'histoire est presque romanesque. On dirait un film de Louis Malle. L'enfant de la guerre qui devient chanteur de la paix. Une belle ballade. C'est la suite qui est pire. C'est la suite qui fait mal. La mère n'a jamais aimé son enfant. Jamais. Elle ne l'a jamais touché, jamais serré dans ses bras. Cet enfant pour elle n'existait pas. Quand il a eu 10 ans, la dame s'est remariée. Gérard a cru qu'elle serait enfin heureuse, et lui aussi. Elle lui dit: «J'aimerais désormais que tu changes de trottoir quand tu me croises dans la rue. Et surtout que tu cesses de m'appeler maman.»

Gérard entre à l'orphelinat. Il est l'enfant d'un père disparu et d'une mère qui n'en a jamais voulu. Tout un fardeau dans le sac-à-dos.

Lenorman déballe tout ça, sans pleurer. Avec les mêmes yeux ronds que lorsqu'il chante *Voici les clefs*. On ne sent pas de haine ni de rage. Ça manque presque d'émotion. Comme s'il partageait son secret tout en restant derrière sa barricade. Cette barricade qui lui a permis de devenir ce qu'il est devenu. Cette barricade contre laquelle bien des cœurs amis ont dû se briser, car il avoue n'avoir jamais su aimer. Comment savoir ce qu'on ne nous a jamais montré?

Tout seul, dans mon lit, j'ai le frisson. Et comme, quand on entend quelqu'un raconter sa vie, on pense toujours à la sienne, je pense à la mienne. Enfant, j'ai eu ma part de problèmes. Mais j'ai toujours su que ma mère m'aimait. Je le savais tellement que je n'y pensais même pas. Comment fait-on pour vivre, quand notre maman ne nous aime pas? L'amour de sa mère, c'est comme l'air, c'est comme l'eau, c'est censé venir avec la vie. Ça doit faire partie du modèle standard. Pauvre Gérard!

Il n'est pas un enfant mal aimé. Il est un enfant pas aimé. Il n'y a rien de pire. Il y a des mères qui aiment mal, mais qui aiment. Mais des mères qui n'aiment pas, ça semble impossible tellement c'est froid, tellement c'est dur.

L'entrevue avec Lenorman est terminée. Pour en savoir plus, il faudra lire son livre *Je suis né à 20 ans*. C'est au tour de Sylvie Vartan. Je baisse le son. Je repense à ses chansons. Avec une telle jeunesse, il aurait pu devenir Marilyn Manson, chanter la laideur du monde, la cruauté des gens, la vengeance des exclus. Il a préféré chanter *La fête des fleurs*, *Le Petit Prince* et *Les jours heureux*. Je ne les écouterai plus jamais de la même façon.

Les critiques, les pseudos, les cyniques croient souvent que l'innocence est une faiblesse. Que les bons sentiments appartiennent aux bonasses. Que la simplicité est simpliste. Que les chansons naïves sont des chansons niaiseuses écrites par des bêtas qui n'ont rien vécu.

Et si c'était le contraire? Et s'il fallait être allé au-delà du malheur, et s'il fallait avoir vécu la plus terrible des peines pour chanter *La ballade des gens heureux*? Pour pouvoir l'assumer, dans ce monde où le malheur a toujours l'air plus songé?

C'est probablement parce qu'il en avait un vital besoin que Lenorman a chanté le bon côté de la vie. En le faisant, il a aidé tous ceux qui étaient brisés comme lui.

C'est sûr qu'*Avec le temps* de Ferré, c'est plus beau. Mieux écrit et mieux pensé. Mais pour décourager quelqu'un du suicide, ce n'est vraiment pas à conseiller.

Il y a des chansons qui sont des œuvres d'art. D'autres qui sont des bouées.

Gérard Lenorman est un lanceur de bouées. Et l'autre nuit, devant TV5, il y a sûrement plein d'âmes à la mer qui se sont accrochées à lui.

Des fois, on se demande à quoi ça sert, un talk-show. Ça sert à ça: à connaître des gens. Pour mieux les comprendre. Et parfois même pour les aimer. Ou se remettre à les aimer.

Le lendemain matin, ça jouait fort dans la maison:

Il était un soir
Il était une fois
Quelque chose et moi
Quelque chose et moi
Un signe un espoir
Une image une voix
Quelque chose et moi
Quelque chose et moi
Et je n'étais plus seul au monde
Et je n'avais plus peur ni froid

Et je vivais chaque seconde
Et j'étais partout à la fois
Et une araignée de légende
Tisse le ciel de ma nuit
Comme je suis heureux dans ma chambre
Je ne sais pourquoi ni pour qui…

LES MESSAGES DE RÉGIS À DENIS

Dimanche dernier, Régis Labeaume a été réélu maire de Québec avec 74 % des voix. De l'autre côté de la 20, Denis Coderre a été élu maire de Montréal avec 31,6 % des voix. À eux deux, ils défoncent les 100 %! Deux jumeaux politiques séparés à la naissance, deux frères Dalton, deux personnalités fortes, deux allures prospères, deux messieurs gros bons sens trônent donc dans les deux villes phares de notre belle province.

La rivalité Montréal-Québec n'a pas pris de temps à s'installer entre les deux coqs. Dès le lundi matin, c'était fait. Et comme Dale Hunter dans le temps, c'est le joueur de Québec qui a provoqué l'échauffourée. Le maire Labeaume s'est plaint d'avoir tenté de joindre le maire Coderre à huit reprises sans succès:

« Moi, la première ministre m'appelle. Les chefs de parti et le maire de Bordeaux m'appellent et je ne suis pas capable de rejoindre le maire de Montréal. C'est quoi cette affaire-là? »

Denis « Mario Tremblay » Coderre a répliqué : « *Call me back !* » On ne s'ennuiera pas ! Ce qui me surprend le plus dans cette histoire, c'est à quel point Régis tenait à parler à Denis. Appeler huit fois quelqu'un entre le dimanche soir et le lundi matin, c'est de la grande passion ! Même Geneviève Sabourin ne devait pas appeler Alec Baldwin aussi souvent en 12 heures. Tu appelles une fois, tu laisses un message : « Bravo Denis ! C'est Régis ! Rappelle-moi. » Pis t'attends.

Admettons que tu aies vraiment très envie de parler à ton homologue montréalais, que c'est très important de partager avec lui l'instant magique d'une victoire électorale, au moment où ça se passe, tu rappelles une deuxième fois : « Denis, c'est encore Régis, je sais que tu dois être ben occupé, pis que tu prends pas tes messages, mais j'ai vraiment hâte de te féliciter de vive voix. Rappelle-moi, mon homme. » Pis tu attends qu'il te rappelle, point final. Sinon, qu'est-ce que tu dis la troisième fois ? Tu piques une crise de jalousie : « Allô, c'est Régis, je suppose que Monsieur est occupé avec ses amis Facebook et ses abonnés Twitter ! Moi, je suis de la génération du téléphone, pis toi aussi ! Arrête d'essayer d'avoir l'air d'un *yo*, pis rappelle-moi, le *smatte* ! »

Après trois messages sans retour d'appel, la majorité des gens lâchent prise. Pas le maire Labeaume. Quand le maire Labeaume veut parler à quelqu'un, c'est tout de suite, pas tantôt. Quatrième message, le ton monte : « *Cou'donc*, mon Coderre, je suppose que t'es en train de faire le party avec le maire de Toronto ! C'est sûr que du *crack*, il y en a en masse à Montréal, toutes vos rues sont pleines de *craques*! Veux-tu me rappeler, avant que je pète ma coche!»

Quatre messages laissés, c'est en masse. Qu'est-ce qui te pousse à rappeler quelqu'un une cinquième fois? Ça ne peut être que l'inquiétude.

«Allô Denis, t'es-tu correct? Ça fait quatre messages que je te laisse sans recevoir de tes nouvelles, il t'est peut-être arrivé quelque chose. T'as quand même un léger surplus de poids, peut-être que ton cœur n'a pas supporté autant d'émotions. Surtout que la Joly est passée proche de t'envoyer au Club des ex à RDI. Sois fin, rappelle-moi, juste pour me rassurer.»

La sixième fois, ça commence vraiment à être humiliant. Tu fais ça court avec un petit ton sec: «Denis… Régis.» Pourquoi rappeler une septième fois? Il n'y a qu'une chose que tu peux ajouter aux messages déjà laissés, ce sont des menaces: «Salut, le maire de Corruption Town, c'est le maire de Québec, si tu me rappelles pas dans cinq minutes, c'est la guerre! La vraie guerre! J'envoie mes troupes au Madrid pis on assiège ta ville jusqu'à ce que tu te rendes. Le Québec, ça va être la ville de Québec à la grandeur! Le p'tit Napoléon, y voit grand. *Faque* rappelle ma Joséphine!»

Après sept messages, quand même les menaces ne fonctionnent pas, si tu rappelles une huitième fois, ça ne peut être que pour envoyer la personne promener: «Allô Denis, c'est Régis, va donc…»

Donc lundi midi, Denis Coderre a huit messages de Régis Labeaume dans sa boîte vocale, et il ne l'a toujours pas rappelé. C'est alors qu'un journaliste demande au maire de Montréal sa position par rapport à la révolution que veut mener le maire de Québec à propos des régimes de retraite. Et Coderre répond : « Régis a besoin de se calmer… » Nilan vient de plaquer Goulet dans la bande. Labeaume rétorque : « Le *power trip*, ça commence de bonne heure ! » *Ayoye* ! Un six-pouces dans les parties ! Il faut qu'ils animent une émission de télé, ensemble, ça va être trop bon. Serge Laprade et Michèle Richard, c'est Roméo et Juliette comparés à ce couple.

Finalement le duo dynamite a conversé au téléphone, lundi après-midi. Comme j'aimerais que la NSA, en plus d'espionner les présidents européens, ait ajouté à sa liste d'écoute électronique les maires de Québec et de Montréal. Je donnerais cher pour écouter l'enregistrement de leur premier appel de maire à maire :

— Allô, Régis, c'est Denis, tu m'as appelé ?

— Denis ? Denis Lévesque ?

— Non, Denis Coderre !

— Denis Coderre… Ah oui, ça me revient, je t'ai appelé.

— J'espère ben que ça te revient ! Tu m'as appelé huit fois ! C'était quoi, l'urgence ?

— Ben comme t'as pas d'expérience comme maire, je me suis dit que c'était important que je te donne mes conseils au plus vite, avant que tu fasses une erreur. Allô ? Denis ? T'es encore là ? »

LA FRANÇAISE

Brigitte est assise dans les marches de l'école. Elle attend la fin de la récréation. Pendant que les autres jouent, elle lit la comtesse de Ségur. Tranquille. Soudain Gauthier et sa bande s'approchent d'elle.

« Alors, ça va, la nana ? »

Elle ne répond pas. Gauthier continue de lui parler à la française. En sortant toutes les expressions qu'il connaît : merde, con, gosse. Et même le mot qui rime avec flûte. Tout le vocabulaire qu'il a appris en regardant les films de Jean Yanne, l'après-midi à Ciné-Quiz. Brigitte ne bronche pas. Elle tourne les pages de son bouquin. Des camarades de classe qui rient de son accent, il y en a tous les jours. Il y en a toutes les heures.

Quand elle pose une question en classe, elle entend les rires. Quand elle fait un exposé devant la classe, elle voit quelques petits monstres la singer. Quand elle crie de joie parce qu'elle a une bonne note, on se moque. « C'est sensass. C'est sensass On dit pas ça, c'est sensass ! »

Alors Brigitte ne parle presque plus. Le moins possible. Elle lit. Chez elle, en France, elle parlait tout le temps. Une pie. Toujours entourée de petites amies. Elles se racontaient tout. Brigitte était si bien. Si bien.

Elle ne comprend toujours pas pourquoi, ici, on rit de son accent. Si ça se trouve, les Québécois en ont un bien plus qu'elle. Ses parents lui avaient dit que, à Montréal, on parlait français. Parfois, elle ne pige pas un mot de ce que dit son voisin. Les a sont gras, les syllabes pas toutes prononcées, les tournures bizarres. Et pourtant, c'est d'elle qu'on se moque.

C'est déjà pas facile de changer d'école, de se faire de nouveaux amis, s'il faut en plus endurer les sarcasmes chaque fois qu'on ouvre la bouche

Sa mère lui a dit d'être forte. D'ignorer les polissons. Un jour, ils vont se lasser. Ils vont changer de cible.

Y sont pas pressés. Ça fait trois ans que ça dure. Trois ans qu'elle endure. Elle a bien réussi à se faire quelques amis : Pierre, qui est d'origine arabe, et Roseline qui est Haïtienne. Ce sont les trois pas-comme-les-autres de l'école. En plus du petit Laporte, qui marche drôlement. Mais lui, il est chez lui. Et il a une grande gueule.

Pierre est bon dans le sport. Alors il s'en tire. Quand il frappe la balle plus haut que la clôture, en haut de la butte, les autres n'ont pas le choix de l'applaudir. Les autres n'ont pas le choix de le vouloir dans leur équipe. Roseline rit tout le temps. Elle s'amuse. Rien ne semble la déranger. Elle est prédisposée à être bien. Elle n'entend pas les remarques désobligeantes. Elle est heureuse.

Pas Brigitte. Brigitte est triste. Depuis trois ans. C'est long. Elle ne savait pas qu'être Française pouvait être un défaut. Qu'être Française pouvait être comique. Pouvait être honteux.

Heureusement, quand elle rentre à la maison, tout revient à la normale. Papa parle comme elle. Maman parle comme elle. Les frangins et les frangines, aussi. Elle n'a pas à se retenir. Elle peut tout dire. Mais dès que l'heure du coucher approche, elle redevient silencieuse. Elle se met à penser à demain. À penser à cette journée qui sera trop longue. Où elle sera trop seule. Et son regard se voile.

Gauthier voit que son imitation de français ne provoque pas de réaction. Brigitte lit toujours. Gauthier est *fru*. Il arrache le livre des mains de Brigitte et se met à courir. C'est plus fort qu'elle, Brigitte crie : « Sale con ! » Et tout le monde rit. Elle se lève pour rattraper Gauthier. Gariépy tend la jambe. Brigitte trébuche. Et s'érafle les genoux. « Enfoiré ! » Tout le monde rit encore au lieu de l'aider.

La cloche sonne. Fin de la récré. Les élèves enjambent les marches deux par deux. Brigitte récupère son livre, que Gauthier a lancé dans la poubelle. Elle rentre dans l'école, la tête baissée. Elle n'a qu'une envie : rentrer chez elle. Et ne jamais revenir.

Ça se passait dans les années 60.

Aujourd'hui, des enfants d'ailleurs, il y en a plus que trois dans les écoles primaires. Il y en a des centaines. Et ils parlent de toutes les façons. Il y en a même des jaunes, des noirs et des fluo qui parlent comme Elvis Gratton. Et personne rit. Enfin.

Quand on se plaint que les étrangers ne s'intègrent pas assez à la société québécoise, je me dis qu'il aurait peut-être fallu y penser avant. Il aurait peut-être fallu que des petits tricotés pure laine aillent dire à Gauthier d'arrêter de niaiser la Française. Moi le premier. Et vous de même.

FARRAH ET MOI

Je fais attention en enlevant le bout de *scotch tape* pour ne pas arracher la peinture. Ça doit bien faire 10 ans que le poster d'Yvan Cournoyer est collé sur le mur au-dessus de mon lit. Mais ce soir, son règne est terminé. Pendant l'heure du dîner, je me suis sauvé des murs du collège pour aller à la place Alexis-Nihon acheter le poster de Farrah Fawcett. Que voulez-vous, c'est le printemps !

Je la déroule enfin pour la première fois. Elle est assise en maillot de bain rouge et elle sourit. C'est tout. Mais quel sourire ! Elle doit bien avoir mille dents. Et quel maillot de bain ! Il n'est pas particulièrement décolleté. Assez discret. Mais on y devine la pointe de ses seins. Assez pour rêver. Et surtout, il y a ses yeux. Ses yeux qui nous regardent franchement. Rien à voir avec le regard froid des mannequins. Elle nous regarde joyeuse. Heureuse. Comme si on était son petit copain.

La photo est tellement excitante que les coins de l'affiche n'arrêtent pas de relever. Je l'ai étendue au sol et j'ai mis mes manuels scolaires aux quatre coins pour que le papier se calme. Je roule Cournoyer, puis je monte sur mon lit coller Farrah. Voilà, c'est fait. Elle est là. C'est la première fille qui s'installe dans ma chambre. Mes parents ne l'ont pas vue. Je ne sais pas comment ils vont réagir. Ils ne sont pas très pin up.

Je pourrais garder Farrah dans mon jardin secret, mais c'est plus fort que moi, j'ai envie d'afficher qu'elle me plaît. J'ai 15 ans, je passe mes journées dans un collège de gars, juste de gars, j'ai besoin d'une présence féminine quelque part. Tant mieux si c'est au-dessus de mon lit.

Elle va en provoquer des commentaires. D'abord mon père: «Ouais… Ouais… Ouais…» Puis ma mère: «Il était beau ton poster d'Yvan Cournoyer. Pourquoi tu l'as enlevé?» Mon grand frère de 22 ans: «Bon, le petit frère s'émancipe.» Ma grande sœur: «Les couleurs sont trop criardes…»

Chaque personne entrant dans ma chambre ne verra qu'elle. Il y a beau y avoir une photo de Ken Dryden au-dessus de mon bureau, la pochette de *Sergeant Pepper's* sur la porte de mon garde-robe, et plein de *bébelles* partout, dans mon grand fouillis, c'est Farrah qui ressort. C'est Farrah qui attire. Mes oncles me taquinent. Mes cousins de mon âge restent prostrés devant le poster sans rien dire de longues minutes. Moi, dans tout ça, j'ai comme un petit malaise. Être fan du Canadien, ça s'assume bien. Ils gagnent la Coupe Stanley presque tous les ans. Être fan des Beatles, ça s'assume bien aussi. Ce sont les plus grands. Mais être fan d'une fille en costume de bain, c'est comment dire, gênant. Je sais que Farrah Fawcett n'est pas qu'une fille en costume de bain. C'est une actrice. Je la regarde tous les mercredis soirs dans *Charlie's Angels*. Et le lendemain, on en parle avant la classe de maths. As-tu vu quand Farrah s'est tournée pour faire un clin d'œil à Bosley? As-tu vu quand Farrah s'est penchée pour ramasser la balle de tennis? As-tu vu quand Farrah courait avec son fusil et qu'on voyait bouger ses... Je sais, on est cons. On est des garçons.

Farrah n'est pas mon premier amour. Elle est juste avant ça. Elle est un test. Une démonstration. Une simulation. Un tout petit aperçu de ce que ça va faire au fond de moi quand une belle fille va me sourire comme ça. Pour vrai.

Farrah n'est restée que quelques mois dans ma chambre. Le temps de combler un vide. Le temps de me faire passer de l'enfance à l'âge adulte. D'exprimer pour la première fois ma préférence. J'ai vite compris que si jamais je voulais recevoir des vraies filles chez moi, valait mieux dire à Farrah de retourner chez elle. J'aurais l'air d'un préado retardé. D'un gars en manque. Je le suis, comme tous les gars de 15 ans, mais ce n'est pas une raison pour l'afficher.

L'été terminé, j'ai remplacé Farrah par une mappe-monde. Aventure pour aventure. Mais je ne l'ai pas oubliée.

Je sais qu'en ce moment, on n'en a que pour Michael Jackson. Ce n'est pas tous les jours qu'un génie s'éteint. Un génie malade mais un génie quand même. Il a donné des jambes à la musique. Avec lui, la musique s'est mise à bouger. Bien sûr, il y avait eu James Brown. Mais c'était loin et d'un autre temps. Et ça n'avait jamais eu un tel rayonnement. Je me souviens de la première fois que Jackson a fait son *moonwalk*, comme je me souviens de la première fois que l'homme a marché sur la Lune. Le show-business venait de changer. Après lui, même les Blancs se sont mis à danser.

Donc moi aussi, aujourd'hui, j'écoute en boucle du Michael Jackson sur mon iPod, mais quand il chante *She's Out Of My Life*, c'est à Farrah que je pense.

Adieu à tous les deux! Merci de faire partie de notre vie, à jamais.

Puisqu'on en est aux adieux, c'est aujourd'hui que l'on dit adieu à *La Presse* du dimanche, nouvelle réalité oblige. C'est triste, on y était si bien. Presque en paix. On dirait que les nouvelles du dimanche étaient moins graves, plus belles. On avait le temps de jaser.

Ça fait déjà 13 ans que, le dimanche matin, je cognais à votre porte, et on déjeunait ensemble. Calmement. À compter de la semaine prochaine, je cognerai à votre porte le samedi. Je sais que le samedi est une journée beaucoup plus occupée. Il y a plein de courses à faire et plein de gens qui viennent vous voir. La Presse est bien plus épaisse. J'espère que vous aurez toujours une petite place pour moi à votre table.

Merci pour tous ces brunchs dominicaux, si jamais on s'en ennuie, vous pouvez toujours mettre ma chronique du samedi de côté et me lire le lendemain. À la semaine prochaine, un jour plus tôt!

UN AMI EN AFGHANISTAN

Fin juillet, Adrien est venu manger à la maison, quelques jours avant son départ pour l'Afghanistan. Adrien est un ami de ma blonde. Ils se sont connus à l'armée, au temps où Marie-Pier faisait partie du Régiment de Maisonneuve.

On a soupé sur la terrasse. On a essayé de parler de tout et de rien. Mais on a surtout parlé de la guerre. Adrien a dit qu'il n'avait pas peur. Même qu'il avait hâte d'être là-bas. Il n'était pas obligé d'aller en Afghanistan. Il fait partie de la milice. Il s'est porté volontaire. Il voulait de l'action. Il va en avoir. Il croit bien sûr que le Canada a raison d'envoyer des soldats en Afghanistan. Que c'est une mission d'aide. Qu'il s'en va là pour aider.

Je suis contre la guerre. Je suis un pacifiste dans l'âme. Je suis contre les fusils, alors imaginez ce que je pense des mitraillettes et des bombes. Mais surtout, au-delà de tous les beaux principes de paix et d'amour des antiguerres et de tous les beaux principes de justice et d'entraide des proguerres, je crois qu'il y a un argument massue en faveur du retrait de nos troupes : le Canada ne doit pas faire la guerre en Afghanistan parce qu'il ne peut pas la gagner. Tout simplement. Pas plus que les Américains ne peuvent gagner en Irak.

C'est Bush père qui avait raison. Lors de la première guerre du Golfe, l'armée américaine a bombardé l'Irak durant quelques semaines et a sacré son camp. Les soldats sont revenus en gagnants. Il y avait plein de rubans jaunes autour des arbres. Cette guerre n'a peut-être rien donné, mais elle n'a rien enlevé non plus. Tandis que celle de Bush fils fait des orphelins par centaines.

Détruire des cibles, c'est être en position de commande. S'installer dans le pays, c'est devenir la cible.

Voilà, c'est ma petite opinion.

Je n'ai pas dit tout ça à Adrien. J'en ai dit juste assez pour qu'il comprenne que j'avais d'autres idées que les siennes. Ce n'était pas le moment d'aller plus loin. J'ai trop de respect pour lui. Pour sa vie. Ce soir-là, l'important n'était pas de savoir qui avait raison. Comment savoir qui a raison ? L'important, c'était de s'écouter. Et surtout de l'écouter, lui. Parce qu'il vivait quelque chose de tellement immense.

C'est facile les grandes idées et les grandes théories pacifistes quand on débat de ça, entre *chums*, avec un verre de vin, après avoir parlé de Daniel Brière et du Canadien. Mais là, on avait devant nous quelqu'un qui allait vivre ça pour vrai. Il était trop tard pour le convertir. Il était trop tard pour faire de lui un hippie.

Si Adrien est dans l'armée, c'est parce qu'il croit que c'est sa place. Et pour lui, l'Afghanistan, c'est une chance de se dépasser. De prouver qu'il peut faire de grandes choses. D'être plus qu'un simple soldat. D'avoir une mission. Une raison.

« Ma famille m'appuie là-dedans. Mon père et ma mère sont derrière moi. Même que, le jour du départ, ils vont tous venir me reconduire à l'aéroport. J'en reviens pas ! »

Les parents d'Adrien sont cultivateurs. Ils ne prennent jamais congé. Mais là, c'est spécial. Et Adrien est ému d'être spécial pour eux. Ça lui fait du bien.

Chaque fois qu'on essayait de parler d'autre chose, de l'été un peu gris, des rénovations de la maison ou de la saison des Alouettes, on en revenait toujours à parler de l'Afghanistan. C'est comme une peine d'amour ou la naissance d'un enfant. Il y a des réalités qui prennent toute la place. Qui sont trop fortes. Trop *big*. Et qui font paraître tous les autres sujets futiles. Tellement futiles.

C'est une chose de lire dans les journaux que Harper envoie des troupes en Afghanistan, de voir à la télé qu'un contingent de Valcartier part pour Kaboul. C'est autre chose d'avoir devant soi un être humain qui y va. Et qui ne peut pas savoir comment il en reviendra.

Souvent, durant le souper, Adrien a répété qu'il n'avait pas peur. Il était prêt. Pour lui, le plus grand malheur qu'il pouvait lui arriver, c'était qu'on lui annonce qu'il ne partirait pas. C'est Marie-Pier qui a craqué. On était en train de parler fromage quand elle s'est mise à pleurer. On savait tous pourquoi elle pleurait. Mais on ne l'a pas dit. Était-ce la dernière fois qu'elle voyait son ami ? La question était dans ses larmes.

Depuis, chaque fois que les médias annoncent la mort de soldats québécois, notre cœur s'arrête de battre jusqu'au moment où ils annoncent le nom des disparus. Alors on est rassurés, mais si peu. Et on n'est surtout pas contents. Ce n'est pas notre ami, mais c'est l'ami d'autres gens qui ont soupé avec lui avant son départ. Et qui ont trinqué avec lui pour que tout aille bien.

Adrien est là-bas pour un bout. J'espère qu'il est toujours aussi content d'y être.

Quand il se passe des drames comme cette semaine, je me dis que peut-être on n'aurait pas dû le respecter autant dans ses opinions et dans ses choix. Peut-être qu'on aurait dû lui dire : « Vas-y pas, maudit fou ! » Et l'attacher à la terrasse jusqu'à ce que la guerre finisse.

Je sais, c'est sa *job* de soldat, aller là-bas sauver des vies. Mais c'est la *job* de qui, sauver la vie des soldats ?

LA RÉACTION DE MON CHAT

Étendu sur le lit, mon doigt glisse sur l'iPad. Mon chat Bécaud est couché en boule à mes pieds. Je m'informe, il dort. Chacun de nous exécute son occupation préférée. Soudain, je suis outré. Je lis la dernière déclaration du maire Gendron.

(Petite parenthèse en passant : c'est fascinant de constater combien les maires sont omniprésents dans l'actualité québécoise. Pendant des années, on n'entendait jamais parler d'eux. C'était comme des notaires ou des zouaves. On savait qu'ils existaient, mais on s'en fichait éperdument. C'était des notables d'une autre époque. Des figurants. Maintenant, peu importe la catégorie de nouvelles que l'on rapporte, il est toujours question d'un maire. Corruption : maire Tremblay, maire Vaillancourt, maire Applebaum. Scandale sexuel : maire Duplessis. Drogue : maire Ford. Sport : maire Labeaume. Catastrophe et courage : mairesse Roy-Laroche. Chiens écrasés ou plutôt chats écrasés : maire Gendron. Y manquerait juste que Jacques Lemaire redevienne *coach* du Canadien et ce mot aurait le monopole de toutes les unes. Fin de la parenthèse.)

Bécaud, écoute ça! Le maire Gendron a déclaré que lorsqu'il voit un chat traverser la rue, il accélère. Il a déjà reculé sur un chaton avec sa camionnette et il est certain que l'animal n'a rien senti. Qu'est-ce que tu penses de ça, mon chat? Bécaud remue la queue. Comme pour chasser un moustique fatigant. Deux coups, c'est tout.

Bécaud, tu pourrais te forcer un peu! C'est ta *gang* que l'on attaque, réagis!

Je ne m'attends pas à ce qu'il réplique avec la verve d'Esther Bégin, mais j'aurais espéré qu'il sorte au moins les griffes. Surtout lui, qui s'est déjà fait frapper par une automobile. Il a failli y laisser sa peau et son poil. Il devrait se sentir visé. Il devrait grimper dans les rideaux. Être échaudé et craindre l'eau froide. Défendre sa race. La cruauté animale est inadmissible et dénote chez ceux qui la pratiquent un profond mépris de tous les êtres vivants, humains compris. Le maire Gendron a bien fait de s'excuser. La faute était grave. Même si mon chat semble s'en balancer.

Habituellement quand je m'adresse à lui, le propos est beaucoup moins complexe. Allô mon Bécaud! Comment ça va, Bécaud? À qui ce beau minou-là? Si c'est pas un beau ti-chat! Il me répond toujours de la même façon: en ronronnant.

Cette fois, il ne ronronne pas. Mais il ne grogne pas non plus. Il affiche la cool indifférence féline. C'est la grande sagesse des chats: leur flegme. Leur classe.

Tous les chats sont nobles. Même les chats de gouttière ont une attitude racée.

Quand un chat se sert de sa langue, c'est pour se laver, pas pour salir les autres. Il y a bien des grandes gueules à deux pattes qui devraient suivre cet exemple.

Pourquoi toujours vouloir choquer? Chercher l'effet? Provoquer les sensibilités? Et surtout, pourquoi s'en prendre aux chats? Cette petite présence paisible et inoffensive. Qu'est-ce que ça fait de mal un chat? Rien. Ça dort. Des fois, ça marche un peu, mais c'est juste pour changer de place pour aller dormir ailleurs. Que peut-on reprocher au chaton qui dort?

Si les humains dormaient autant que les chats, ça irait bien mieux sur la planète. Quand on dort, on ne se tape pas dessus. Finies les guerres. Quand on dort, on ne pollue pas. Fini le péril environnemental. Quand on dort, on ne dépense pas. Finie la crise économique. Quand on dort, on ne dit pas de bêtises. Finies les excuses.

Ce n'est pas pour rien que le lion est le roi de la Création, il dort 20 heures par jour. C'est le meilleur programme politique. La meilleure façon de laisser les autres en paix. On rit bien des sénateurs, mais ce sont eux qui avaient raison. Dans le temps qu'ils dormaient au Sénat, il n'y avait pas de scandale. Depuis qu'ils se forcent pour rester éveillés, ils font des choses croches. L'éveil est le plus grand problème de l'homme.

Peut-être que Bécaud a mal compris les propos du maire de Huntingdon. Ça expliquerait son impassibilité. Je les lui répète plus lentement et plus fort. Il s'étire, saute en bas du lit et s'en va. Quand un chat est agacé, il s'en va, tout simplement. Il n'a peut-être pas saisi chaque mot, mais il n'aime pas le bruit. Il a donc compris l'essentiel du propos : tout ça n'est que du bruit. Du tirage d'attention. Bécaud s'en va se coucher au sous-sol. Je ne l'appelle pas, de toute façon, il ne reviendrait pas. Un chat n'est pas un chien. Un chat n'a pas de maître. Un chat est un bouddha. Rien d'ici-bas ne l'atteint. Surtout pas les frasques des humains. Un chat est libre. C'est peut-être pour ça qu'il en énerve certains.

L'indifférence est toujours la meilleure façon de mettre fin à la provocation. À l'écoute des déclarations incendiaires, si nous réagissions tous comme des chats, les polémistes cesseraient leur cirque. Par manque d'effet.

Le maire Gendron a beau être un redoutable orateur, face à Garfield, il serait obligé de donner sa langue au chat.

Le 27 mai 2007

LETTRE AUX JOUEURS DE HOCKEY QUÉBÉCOIS

Chers joueurs de hockey québécois de la LNH,

Vous êtes presque tous en vacances. Il n'y a qu'Antoine Vermette, François Beauchemin, Jean-Sébastien Giguère et Sébastien Caron qui s'éreintent encore à essayer de faire gagner leur équipe.

Vous vous la coulez douce. Vous êtes jeunes, riches et, si vous n'avez pas reçu trop de coups de bâton sur la gueule, beaux. La vie est formidable.

Plusieurs d'entre vous sont en renégociation de contrat, question d'ajouter quelques millions à leur petit tas d'argent. C'est bien correct. Si le propriétaire peut s'acheter un club de foot en Angleterre, pourquoi ne pourriez-vous pas vous acheter une Cage aux sports à Brossard ? Chacun a droit à son morceau de tarte. Vos salaires astronomiques ne me scandalisent pas. C'est la *business*. Vous êtes des stars, comme les chanteuses et les acteurs de cinéma. Vous méritez votre part de l'argent que vous faites entrer dans les coffres. Le contraire serait scandaleux.

Vous jouez là où on vous paye le mieux. Où on vous paye le plus. Parfait. C'est la *game*. Si c'est New York, ce sera New York. Si c'est Nashville, ce sera Nashville.

Et si c'est Montréal… Là, vous n'êtes pas sûrs. Vous hésitez. À salaire égal, vous préféreriez jouer ailleurs. Même que vous seriez prêts à être un peu moins payés pour ne pas avoir la pression de Montréal.

Pardon? Est-ce que j'ai bien compris? Ça, c'est scandaleux. Je ne suis plus capable de l'entendre, cette chanson-là. Où est votre cœur? Où est votre honneur? Réalisez-vous que vous reniez les vôtres en tenant de tels propos?

Nous, les caves, on rêve de voir jouer les Daniel Brière, Vincent Lecavalier, Martin Saint-Louis avec le Canadien, parce que ce sont des petits gars de chez nous, parce qu'on les aime. Mais eux préfèrent jouer à Tampa Bay ou à Buffalo parce que, là-bas, on ne les reconnaît pas, on les laisse tranquilles. Parce que, là-bas, on ne les aime pas. C'est dur, l'amour. C'est éprouvant. Mieux vaut faire son cash caché. Rentrer au bercail l'été, se faire chouchouter par *môman* et, à l'automne, retourner jouer au hockey dans des villes où l'on préfère les courses de lévriers.

Ce n'est pas digne des vedettes que vous êtes censés être. La pression, c'est ce qui permet de départager les vrais des faux. Il y a ceux qui carburent à la pression et ceux qui s'aplatissent sous la pression.

Un acteur rêve de jouer à Hollywood. Un ténor rêve de chanter à la Scala de Milan. Un joueur de hockey devrait rêver de jouer à Montréal. Encore plus s'il est Québécois.

Vous avez peur de 110 % et des Amateurs de sport. Pas fort! Vous pourriez jouer sans casque, il ne sert pas à grand-chose. La force du mental, c'est pas juste dans Les boys. Bien sûr, ici, vous allez être épiés. Trois matchs sans point et on va vouloir vous crucifier. Mais trois matchs avec des buts et vous allez être Dieu. Tout le monde ne parlera que de vous. Vous deviendrez l'idole d'un peuple.

Être un sportif professionnel, ce n'est pas seulement faire de l'argent en pratiquant son sport. C'est aussi inspirer la jeunesse, faire rêver la foule, donner un bon show. À Nashville, le cow-boy capable de ficeler un veau en 10 secondes inspire plus de gens que vous. À Montréal, vous aurez plus d'ascendant sur la vie des gens que le premier ministre et Gregory Charles réunis.

Arrêtez de bouder les gens qui vous ont aidés à devenir qui vous êtes. Si aujourd'hui vous êtes des millionnaires du hockey, c'est peut-être parce que vous venez d'un endroit où le hockey est sacré. Le gars qui arrosait la glace de la patinoire de votre enfance, les voisins qui allaient vous encourager dans vos tournois, les partisans qui vous attendaient dehors après les matchs de votre équipe junior, tous ces gens vous ont aidés à vivre votre passion. Accepter de venir vivre la vôtre avec eux va de soi.

Bien sûr, chaque être humain est maître de son destin. Si ça ne vous tente pas de jouer à Montréal parce que c'est trop exigeant, c'est votre affaire. Vous ne savez pas ce que vous manquez.

Maurice Richard, Jean Béliveau et Guy Lafleur ont été plus que des joueurs de hockey. Ils ont été des héros. Des vrais. Bien sûr, pour être un héros, il ne faut pas avoir peur de Michel Villeneuve. Il faut avoir des couilles. Il faut avoir de l'âme.

Et, surtout, il faut être capable de donner. À Tampa Bay, Buffalo ou San Jose, vous n'avez pas besoin de donner, vous avez juste à prendre. À prendre le gros chèque.

C'est sûr qu'à Montréal il vous faudra donner. Donner votre temps, donner vos tripes. Mais si vous saviez tout l'amour que vous recevrez en retour, vos convictions de mercenaires seraient ébranlées.

En espérant qu'il y en ait un parmi vous assez fier de sa gang, assez fier de sa famille pour venir jouer devant elle. Pour venir jouer avec elle.

Je ne sais pas si Bob Gainey va embaucher, au courant de l'été, une superstar québécoise. Mais s'il ne le fait pas, j'aimerais que ce soit de sa faute, pas de la vôtre. *Get it*?

Bonne fin d'été! Et bons contrats!

Signé : un partisan blessé.

UN PETIT PAS

Il est 20 h, il faut rentrer. Tous nos matchs de baseball dans la ruelle se terminent à 20 h. Fini, pas fini, c'est ainsi. Un règlement émis par nos mères. Je monte l'escalier et je m'en vais prendre mon bain. Puis je mets mon pyjama. Normalement, j'irais me coucher. Pas ce soir. Ce soir, c'est Noël en juillet : l'homme va marcher sur la Lune.

Toute la famille est devant la télévision. Mon père, ma mère, mon frère de 15 ans, ma sœur de 12 ans, moi et mes 8 ans. Mon frère a installé devant lui la grosse recherche qu'il a faite sur la NASA. Il n'a pas fait ça pour l'école. Il a fait ça pour lui. Un gros dossier d'une centaine de pages à trois trous sur la conquête spatiale. Moi, j'ai apporté mon Tintin On a marché sur la lune. Au cas, si jamais le film est moins bon que le livre. Ma sœur a préparé un punch exprès pour la soirée avec du *ginger ale* et du jus de fruit. C'est la première fois que je bois du punch. C'est bon.

Personne ne parle. Dans le salon, il règne un silence solennel. Presque funéraire. Comme lorsqu'on regarde un funambule marcher sur un fil de fer. On retient son souffle. On l'admire tout en craignant le pire. Ce n'est pas comme une finale de hockey ou les Jeux olympiques. Ce n'est pas un jeu. C'est sérieux. C'est l'évolution. La grande marche de l'Histoire qui vient d'atteindre un nouveau plateau.

Nous sommes captivés, les yeux rivés sur notre vieil Electrohome. Jamais notre téléviseur noir et blanc n'a eu l'air aussi dépassé. Il y a un tel décalage entre ce vieux meuble des années 50 et les images qu'il nous montre! Comme si le monde avait progressé trop vite. La veille, on regardait un film de Fernandel à la télé, et ce soir, on regarde l'homme sur la Lune. L'instant d'une nuit, les habitants de la planète Terre ne sont plus en 1969, ils sont en 2001, l'odyssée de l'espace.

La porte du LEM vient de s'ouvrir. L'astronaute Armstrong en descend. J'imaginais une sortie triomphante. Comme lorsque les présidents, le pape ou les Beatles sortent d'un jet. De face, sourire aux lèvres, ils envoient la main et descendent l'escalier comme Shirley MacLaine dans une comédie musicale. Ben non! Armstrong descend de dos. Comme on descend dans une piscine quand on a peur de l'eau. C'est pas Hollywood. C'est la réalité. Faut surtout pas tomber.

Son pied se pose au sol. Il rebondit et dit: « Un petit pas pour l'Homme, un bond de géant pour l'humanité. » *Wow*! Cette phrase, tout le monde va en parler. Tout le monde va la répéter sans cesse durant tout l'été. Elle fait la une des journaux, la manchette des bulletins d'information. Pour moi, c'est une révélation. Je viens de saisir le pouvoir des mots. Comment une toute petite phrase peut contenir le rêve et le travail de milliers d'humains.

Sans ces mots, on était témoin d'une grosse botte qui foulait de la poussière. Sans ces mots, ce n'était qu'un petit pas. Grâce à ces mots, c'est un bond de géant.

Cette phrase de Neil Armstrong a changé ma vie. Cette phrase de Neil Armstrong m'a donné le goût d'écrire. De saisir la vie, ses joies, ses peines, ses triomphes et ses défaites avec des mots. De rendre le temps inoubliable. Pour plusieurs, l'homme sur la Lune est un exploit scientifique ; pour moi, c'est un exploit littéraire.

Plus que le drapeau américain, plus que le paysage lunaire, plus que les petits sauts des astronautes, ce qui passera à l'histoire, c'est : « Un petit pas pour l'Homme, un bond de géant pour l'humanité. » La mémoire a besoin des mots pour classer ses images. Pour leur donner un sens.

Mon père hoche la tête en disant : « Ça s'peut-tu ? » Il va le dire au moins trois fois durant la soirée. Sans jamais s'expliquer. On ne sait pas s'il dit « Ça s'peut-tu ? » comme dans : « C'est incroyable, c'est formidable ! L'homme vient d'accomplir quelque chose de surhumain. » Ou « Ça s'peut-tu ? » comme dans : « Ça s'peut-tu, dépenser des millions pour mettre le pied sur un terrain vague plein de trous pendant que des enfants meurent de faim ? » Ou « Ça s'peut-tu ? » comme dans : « C'est impossible, c'est une arnaque, tout ça est fabriqué en studio!» Si je me fie au regard triste qui accompagne son commentaire, je pense qu'il veut dire: «Ça s'peut-tu qu'on en soit rendu là?» Mon père se sent dépassé; autant que sa vieille télé.

Le monde vient de changer d'angle. Depuis la préhistoire, les hommes lèvent la tête pour regarder les astres. Ce soir, pour la première fois, deux hommes sur un astre lèvent la tête pour regarder la Terre. Et du coup ce sont tous les points de vue qui changent.

C'est fini. Armstrong et Aldrin sont retournés se reposer dans le LEM. Dans sept heures, ils iront rejoindre Collins dans la capsule. Sur Terre aussi, c'est l'heure d'aller se coucher. Quelle drôle de nuit! J'ai beau avoir 8 ans, je sais déjà que je vais m'en souvenir encore dans 40 ans. Je n'ai pas sommeil. Mon frère a caché une radio sous ses draps, il continue d'écouter les reportages. Je m'étire le cou vers la fenêtre. J'essaie de trouver la Lune, mais je ne la vois pas. L'homme vient de la décrocher. Alors je regarde mes pieds. Un petit pas pour l'homme…

Dorénavant, tout est possible. La Lune est à nos pieds.

TOUS DES DROGUÉS !

Les joueurs de baseball en prennent. Ah bon? Êtes-vous aussi étonné que moi? Il suffisait de regarder les bras de Barry Bonds pour le savoir. C'est pas en mangeant toutes ses céréales qu'on se fait des bras comme ça. Éric Gagné en a pris. Ah ben? Coudonc. C'est poche. Un petit gars de chez nous. Et moi qui pensais que c'était grâce à la poutine.

Et les autres? Il y en d'autres. Mais me semble qu'il n'y en a pas assez. Ce qui m'étonne vraiment, c'est que la liste de coupables ne soit pas plus longue. Ce qui me renverse, aux Jeux olympiques, c'est quand ils ne disqualifient qu'une douzaine de médaillés. Pis les champions? Ils sont propres, bien sûr. Ben Johnson est un drogué. Mais Carl Lewis est blanc comme neige. *Oh yeah?*

Je ne sais pas si vous êtes comme moi, mais maintenant, quand je regarde une compétition d'élite, je tiens pour acquis qu'ils en sont tous. Des drogués. En tout cas, tous ceux qui sont trop bons. Tous ceux qui font des performances extraordinaires. Au Tour de France, aux Jeux olympiques, à la boxe, au baseball, au football, au hockey. Oui, peut-être même au hockey. Pour moi, les sportifs sont comme les musiciens du bon vieux temps. Janis, Jimi Hendrix, les Stones, on ne les testait pas pour savoir s'ils étaient à jeun durant leurs spectacles. Tout ce qu'on voulait, c'est qu'ils soient bons. Qu'ils se soient piqués au patchouli avant le show nous importait peu.

J'en suis rendu là avec les sportifs. C'est *plate*, mais c'est comme ça. C'est sûr que ce serait le fun qu'il n'y ait que des traces d'Évian dans leur pipi. Mais c'est pas ça. Il y en a plein qui prennent plein d'affaires pour les aider. Pour courir plus vite, sauter plus haut, frapper plus fort. Et la justice, là-dedans? Le sport, c'est comme la vie, c'est pas juste. Il y a des chanceux et des pas chanceux. Les chanceux sont ceux qui ne se font pas prendre. Parce que leur médecin est plus rusé que les autres. J'ai pas envie de glorifier l'athlète qui a su comment en prendre pour ne pas être pris et de couvrir de honte l'athlète qui s'est fait prendre.

Alors que fait-on? On attend. C'est la seule justice ici-bas, le temps. Mick Jagger a troqué le LSD pour de la crème Budwig. Pourquoi? Pour durer. Il s'est rendu compte que, en poursuivant sa vie de Jumping Jack Flash, il allait frapper le mur. Comme Janis et Hendrix. Les athlètes vont s'en apercevoir aussi. Les records surhumains qu'ils établissent, ils les paient de leur santé. Les blessures se multiplient dans tous les sports. Les carrières se terminent rapidement. De plus en plus d'athlètes meurent quelques années après leur retraite.

Beaucoup trop jeunes. On ne prend pas des cocktails de pilules impunément. On ne se pique pas sans se crever. Ça va finir par leur faire peur. Une nouvelle génération plus propre devrait émerger tôt ou tard. Une génération qui ne jurera que par l'alimentation et l'entraînement. Bien sûr, il restera toujours des rockers pour vouloir prendre des raccourcis. Des athlètes *no future* qui transgresseront les lois. Mais ça devrait diminuer. C'est l'élimination naturelle.

Mais j'ai peut-être tout faux aussi. Peut-être que c'est la science qui va gagner plutôt que le temps. Que les savants vont perfectionner leurs drogues. Qu'ils vont créer une substance qui rend fort, qui ne se dépiste pas et qui ne fait pas mal. La drogue idéale. Le Viagra olympique. Alors là, comment ferons-nous pour nous scandaliser? Qui en veut à Astérix de prendre de la potion magique? Est-ce qu'on préfère les Romains parce qu'ils ont le courage de se battre à jeun? Non, on prend pour Astérix. Parce que c'est lui le gagnant.

De toute façon, le jour où, en allant acheter sa caisse de potion magique chez Jean Coutu, on sera tous capable de courir le 100 mètres en cinq secondes, de faire le Tour de France en 24 heures et de lancer une balle de baseball à 200 km/h, qu'adviendra-t-il du sport-spectacle? Il survivra. Parce qu'il y aura toujours des buveurs de potion magique plus doués que d'autres, qui réussiront à courir le 100 mètres en quatre secondes, à faire le Tour de France en 23 heures, à lancer la balle de baseball à 220 km/h. Et les buveurs de potion magique moins doués s'assoiront devant leur télé pour les regarder. Et les encourager. En trinquant à leur santé.

La drogue dans le sport, c'est comme le téléchargement sur l'internet. À défaut de l'enrayer, il faut le contrôler. L'industrie de la musique est appelée à changer. L'industrie du sport aussi.

Le Tour de France ne sera jamais plus ce qu'il était. Les Jeux olympiques non plus. L'innocence est perdue. Le charme est rompu. Tous les athlètes qui fracassent des records deviennent suspects. Ce ne sont plus des héros, ce sont des phénomènes. On les regarde comme on regarde des bêtes de cirque. Par curiosité. Sans aucune admiration.

La chimie est entrée dans le sport, et ce n'est pas en pissant qu'elle va en sortir. Il va falloir manger son pain noir. Aller au bout de la désillusion. Et attendre l'arrivée de nouveaux héros. Qui auront de nouveaux exploits à nous offrir. Des exploits sans tricherie et sans magouille.

D'ici là, on peut toujours se consoler en étant fan du Canadien. À les voir jouer, c'est certain que nos joueurs ne prennent rien. *Go, Habs, Go!* Une petite bière, avec ça?

⌐╫⌐

COMMENT VA TA MÈRE ?

Tous mes amis aiment ma mère. Tous mes amis aiment ma mère encore plus qu'ils m'aiment. Et je les comprends. Ma mère est beaucoup plus aimable que moi. Elle est toute petite, mais ses yeux sont tellement grands qu'on y voit son cœur encore plus grand. Dès qu'on est à côté d'elle, on sourit. On est heureux. On trouve que la vie est belle. Aussi belle qu'elle. Ma mère respire la joie de vivre. Elle fait du bien. En étant là, tout simplement.

Vendredi, fin d'après-midi, j'assiste aux auditions pour l'émission *Le Banquier*, dans un studio de TVA. Entre deux candidats, le réalisateur, Daniel Rancourt, me glisse à l'oreille : « Comment va ta mère ? »

Il ne la connaît pas beaucoup. Il l'a vue une seule fois, je crois. C'était à une fête après le gala Metrostar, en 2002. Mais il s'en souvient. Parce que ma mère est inoubliable.

Je m'apprête à répondre à Daniel ce que je réponds tout le temps aux amis qui s'informent de ma maman :

«Ma mère va bien, elle ne change pas. Toujours aussi passionnée de tout. Elle suit ses cours de taï chi, d'aquaforme, de peinture japonaise, elle va au musée, à l'OSM, à l'Ex-Centris. Elle lit six bouquins à la fois. Elle va à l'église tous les jours. Elle marche de Notre-Dame-de-Grâce à l'église Notre-Dame, dans le Vieux-Montréal. Et s'arrête à l'hôtel Sofitel prendre un petit remontant. Cet été, elle retourne en voyage avec ma sœur, en France ou en Italie. Ma mère est plus en forme que moi.» Et là, Daniel m'aurait demandé: «Quel âge a-t-elle, déjà?» Je lui aurais dit: «86 ans à la fin du mois.» Et il aurait hoché la tête en répétant: «86 ans, *wow*!» Et ça lui aurait fait du bien.

Ça doit être pour ça que mes amis me demandent si souvent des nouvelles de ma maman. Ça les réconcilie avec le temps. Celui qui passe trop vite. Ils espèrent tous vieillir comme elle. En allant encore plus vite que le temps. En lui poussant dans le dos, au temps. En l'étirant. Ils ne me demandent pas quel est son secret. Ils la connaissent, alors ils le savent. Ma mère s'intéresse à tout. Des hibiscus aux étoiles. De Jean D'Ormesson à Céline Dion. Elle aime tout. Tout ce qui est vrai. Elle aime les gens et ce qu'ils font.

Je m'apprête donc à répondre à Daniel ce que je réponds tout le temps, mais je m'arrête. Car, pour la première fois de sa vie, ma mère ne va pas comme ça. Elle va plutôt comme ci. Alors je dis: «Ma mère a eu de petits ennuis de santé après les Fêtes. On lui a diagnostiqué de l'insuffisance rénale. Elle s'est fait poser un cathéter la semaine dernière. Elle devrait commencer la dialyse d'ici un mois.»

Je me sens bizarre. C'est la première fois que je parle de ma mère et que c'est aussi normal et plate que ça. Des bobos de personne âgée comme en ont toutes les personnes âgées. Il fallait bien que ça lui arrive un jour. Mais c'est fou, j'étais certain que ça ne lui arriverait jamais. Je me voyais, moi, au centre d'accueil, tout vieux, tout chauve, tout édenté, une infirmière me criant à l'oreille : « Comment va votre mère, monsieur Laporte ?

— Ma mère ? Elle est en train d'escalader l'Everest. J'ai hâte qu'elle descende me voir. »

On pourrait croire que le temps a finalement rattrapé ma maman. Lui aussi a le goût d'être avec elle un peu. On le comprend. Mais il n'en est rien. Car même si, dialyse oblige, ma mère va courir un peu moins, dans sa tête, ça ira toujours aussi vite. Entre ses journaux, ses livres, son Scrabble, sa peinture, ses plantes, Des racines et des ailes, le Grand Prix de F1, les bons soins de ma sœur, les visites de toutes ses amies, ses petites sorties plus courtes, le temps va passer par là. Et elle va réussir à le semer, j'en suis certain, quelque part dans la maison.

Je sais bien, maman, que ça te fait de la peine de penser que tu n'en feras peut-être plus autant qu'avant. Que tu ne pourras plus autant impressionner la galerie. Que je ne pourrai pas raconter autant tes exploits. Mais ce n'est pas ce que tu fais que j'admire, qu'on admire, c'est qui tu es. On trouvait ça drôle, tes grandes marches de cinq heures. Mais ce qu'on aimait le plus, c'est quand tu étais à côté de nous. Parce qu'en étant juste à côté de toi, on se sent loin. On se sent en voyage. Dans un autre monde. Dans un monde meilleur.

Daniel m'a dit : « Je suis certain que ça va bien aller pour ta mère. » Et il a souri. Tendrement. Et j'ai tout compris. Ce n'est pas la liste de toutes les activités de ma mère qui fait du bien à mes amis quand je leur donne de ses nouvelles. C'est tout simplement le fait d'entendre parler d'elle. Parce que remonte à leur cœur le souvenir d'une personne bonne, d'une personne vraie. Et ça les réconcilie avec la nature humaine.

Bonne fête des Mères, maman !

De la part de ton petit gars et de tous ses amis qui pensent à toi.

Et bonne fête à toutes les mamans qui font du bien. Laissez-nous, aujourd'hui, vous en faire un peu.

PLEIN DE BÉCAUD

Demain, cela fera 10 ans que Gilbert Bécaud est absent. Pour souligner l'événement, une compilation vient de paraître et des artistes lui ont dédié un CD hommage. Ses chansons flottent de nouveau dans les airs. Il est à peu près temps.

Parmi les monstres sacrés de la grande chanson française, Bécaud, c'est l'enfant oublié. On a canonisé Brel, Ferré, Brassens et même Aznavour de son vivant. Mais on laisse Bécaud, seul sur son étoile. Pourquoi? Parce qu'on prête plus facilement du génie aux torturés, aux révoltés, aux malaimés. Les hommes heureux passent pour des imbéciles. Pourtant, comme il en faut du talent pour trouver l'espoir dans ce monde trop noir. Comme il en faut du talent pour un simple sourire. La souffrance n'a pas le monopole de l'art, le bonheur a aussi sa part.

Est-ce la jalousie qui nous pousse à bouder ceux qui aiment la vie?

Pourquoi serait-il plus louable de chanter le malheur?

Permettez-moi de faire une petite comparaison pour illustrer la démarche artistique du chanteur à la cravate à pois.

Jacques Brel chante *Ne me quitte pas*. Gilbert Bécaud chante *Je reviens te chercher*. Deux façons très différentes d'aborder la rupture amoureuse. Brel est à genoux. Bécaud est debout. Brel subit. Bécaud agit. Brel supplie. Bécaud invite. Brel a tellement peur que sa blonde le renvoie qu'il est prêt à devenir l'ombre de son chien. Bécaud est tellement certain que sa blonde va revenir avec lui qu'il laisse tourner le compteur du taxi.

Brel est dépressif. Bécaud est pressé.

Vous savez quoi? Je pense que Bécaud a plus de chances que Brel de reconquérir sa belle. Bien sûr, la poésie de Brel est plus profonde, ses images plus touchantes, sa désespérance plus émouvante, mais une fille veut-elle vraiment d'un gars qui va se cacher là, à la regarder danser et sourire? Je pense qu'elle préfère le mec qui ne veut pas avoir l'air bête sur le palier et qui lui dit de venir l'embrasser!

Les chansons de Brel sont des peintures de grands maîtres. Les chansons de Bécaud sont du cinéma d'auteur. Les chansons de Brel nous poussent à nous ouvrir les veines. Les chansons de Bécaud nous poussent à nous ouvrir le cœur. On écoute les premières, les yeux dans l'eau. On écoute les secondes, les yeux dans le ciel. Je crois que les deux artistes sont aussi importants, que leurs deux visions sont aussi essentielles. Pour que la vie foisonne, ça prend de la pluie et du soleil, ça prend du Brel et du Bécaud. Nous sommes tous un mélange des deux. Il y a même du Brel dans Bécaud et du Bécaud dans Brel. *Quand on n'a que l'amour* est une grande chanson d'espoir. *Et maintenant* est une grande chanson de désespoir.

Si, au panthéon de la chanson française, Bécaud fait bande à part, c'est peut-être, surtout, parce que les autres immortels sont avant tout des poètes, et Bécaud, lui, un musicien. Et quel musicien! L'âme de Bécaud, elle est dans ses notes, que ses brillants paroliers ont su rendre en mots.

C'est un mélodiste surdoué. Les structures musicales de ses chansons sont d'une inventive efficacité, chargées de rythmes et de tendresse. Il a créé des classiques qui ont fait le tour du monde. Bing Crosby, Frank Sinatra, Elvis Presley Aretha Franklin et Barbra Streisand, pour ne nommer que de modestes stars, ont chanté les œuvres du pianiste de Toulon.

Sur scène, il a redéfini le tour de chant, rien de moins. Avant lui, on restait planté derrière son micro. Grâce à Bécaud, le chanteur a cessé d'être un arbre pour devenir un oiseau. Il avait une énergie rock avant même que le rock ne soit inventé. Il était en mouvement perpétuel, bondissant du piano à la batterie, de la batterie à la salle, de la salle aux coulisses. Il *surfait* sur ses sons. On n'avait jamais vu un artiste aussi enjoué sur scène, on n'en a jamais vu depuis. Il a été le premier à provoquer des émeutes, à déclencher l'euphorie des foules. Il est le chaînon manquant entre Trenet et Jagger. Son souci de rejoindre les gens était si grand qu'il a même scié son piano pour pouvoir jouer face à eux.

Bécaud, c'était le contact direct. Quand il faisait une télé, ce ne sont pas les caméras qui allaient le chercher, c'est lui qui allait chercher les caméras. Il fonçait sur elles. C'était un zoom humain. Toujours intense, toujours habité par une formidable soif de vivre. Avec lui, il fallait que chaque seconde éclate, que chaque moment soit éclatant.

Il y en a, pour supporter leur vague à l'âme, pour calmer leurs angoisses, qui prennent des antidépresseurs, qui boivent de l'alcool, qui fument du gazon ou qui font de la méditation; moi, j'écoute du Bécaud. Ses chansons sont des invitations au présent. Un présent pas toujours rose. Il y a des croix, des enterrements, des étrangers persécutés, des enfants malades, mais toujours une musique à laquelle s'accrocher, toujours une musique qui nous convainc d'espérer.

Aimer Bécaud, c'est aimer la vie.

Laissez-moi nous prescrire quelques chansons pour passer au travers les turbulences de notre existence: *Le pianiste de Varsovie, L'absent, Crois-moi ça durera, Le bateau blanc, Dimanche à Orly, L'orange, Je t'aimerai jusqu'à la fin du monde, La maison sous les arbres, Chante, Un peu d'amour et d'amitié, Il y a des moments si merveilleux, Ce monde t'attend, On a besoin d'un idéal, Un instant d'éternité, À chaque enfant qui nait...*

Sans oublier *Nathalie, Galilée, Le jour où la pluie viendra...*

Il y en a tellement.

Je nous souhaite plein de Bécaud, parce que Bécaud, c'est l'affaire des gens.

Le 1er mars 2009

LE ROUX ET LE BOITEUX

Je suis assis dans la salle des pas perdus du collège. Encore 30 minutes avant les cours de l'après-midi. Je lis le Journal de Tintin. Il y a une nouvelle BD : une histoire d'enfant sauvage dans la jungle intitulée « Le Boiteux ». Le rouquin Bélanger s'étire le cou et s'ouvre la trappe : « Ah ben, Laporte, je savais pas qu'ils avaient fait une bande dessinée sur toi ! » Les gars autour s'approchent pour voir ce que je lis. Et ils se mettent à rire.

C'est la première fois que les élèves s'amusent à mes dépens. Jusque-là, personne n'avait osé se moquer de ce que les gens appellent mon handicap. De ce que j'appelle ma fantaisie. En tout cas, pas dans ma face. Un tabou vient de sauter. Et à entendre les rires des *boys*, ça semble leur faire du bien. Presque autant que ça me fait mal.

Bélanger, heureux du succès de son gag, s'amuse à imiter un boiteux. Il attend ma réaction. Il a hâte d'en rajouter. Dans ma tête, ça va vite. Je sais que l'heure est grave. Si je laisse entrevoir une once de faiblesse, je suis fait. Je vais me faire niaiser tous les jours de ma vie. Par tous ceux qui ne sont pas bien dans leur peau et qui fuiront leur malheur en se défoulant sur ce qu'ils croient être un plus mal pris qu'eux. Un plus tout *croche*.

Il suffit que l'âme saigne juste un peu pour que tous les charognards de délaissés s'en emparent. Et vous gâchent la vie.

Ce n'est pas tant les paroles de Bélanger qui me blessent; c'est le rire des autres. Bélanger, je m'en balance. Je ne veux pas être son ami. Il ne veut pas être le mien. C'est parfait. Qu'il pense ce qu'il veut de mes jambes, ça ne m'empêchera jamais d'avancer. Mais la bêtise du nombre, ça peut me faire tomber. S'il faut que la gang en entier ne me respecte plus, s'il faut que la gang en entier se mette sur mon cas, ça va être l'enfer. Je le sais. Je le sens.

Ça me fait vraiment chier qu'ils rient. D'abord, je ne suis même pas boiteux. J'ai la jambe droite plus par en dedans, mais je ne traîne pas la patte. Ça ne sert à rien de le leur expliquer. S'ils ont tous trouvé ça drôle, c'est que je dois avoir tort. Qu'ils doivent avoir raison.

Je pourrais sauter à la gorge de Bélanger. Me défendre. Comme Henri Richard quand il veut régler ses comptes avec un joueur plus fort que lui. Mais je risque d'avoir l'air encore plus ridicule. Je manque d'équilibre, alors le *smatte* finira bien par me renverser. Et le monde prend toujours pour le gagnant.

L'ignorer. C'est ce que ma mère me dirait. « Ignore-le! » Facile à dire. Surtout qu'ignorer, ça peut avoir l'air de permettre. Et il y a plein de tapons qui ne demandent pas mieux que de s'en prendre à quelqu'un qui se laisse faire.

Non, peu importe comment je réagis, je peux m'en tirer ou me pendre. Tout est affaire de confiance. Il n'y a pas de mode d'emploi pour répondre aux imbéciles. Il n'y a pas de manuel pour éviter d'être rejet. Ce qu'il faut, c'est rester soi-même.

Il faut plus qu'ignorer, il faut s'en sacrer. Ignorer, ça demande un effort, c'est s'empêcher d'agir à cause d'eux. S'en sacrer, c'est ne pas en tenir compte. Continuer d'agir selon sa volonté. Il ne faut jamais laisser les commentaires offensants changer qui l'on est. Ne pas laisser les autres s'emparer de notre tête.

Le territoire à défendre, ce n'est pas la cour d'école, la cafétéria ou son casier ; le territoire à défendre, c'est notre tête. C'est le seul endroit où l'on peut être libre, il ne faut laisser personne nous y enfermer.

Il ne faut pas essayer de devenir ce que les autres voudraient que l'on soit pour être en paix avec eux-mêmes. Il faut être celui que l'on est. Ni plus ni moins. Ne monter sur la tête de personne. Ne laisser personne monter sur la nôtre. Ça devrait être la règle. Le savoir-vivre.

On peut vous baver, on peut vous pousser, tirer sur votre sac à dos, vous faire trébucher, mais personne ne peut entrer dans votre tête si vous lui en refusez l'accès.

— Ah ben, Laporte, je savais pas qu'ils avaient fait une bande dessinée sur toi !

— Toi, Bélanger, ça fait longtemps que t'en as une : Poil de carotte !

Les gars rient. Plus fort encore. Le roux est bleu. Durant un moment, j'ai cru qu'il allait me sauter dessus. Il aurait pu. J'ai été aussi con que lui. Mais en légitime défense. Je suis resté moi-même. J'ai réagi comme je réagis toujours devant une connerie. En la renvoyant au visage de celui qui l'a faite.

Je m'en veux quand même. Ce n'est pas sa faute s'il est roux, comme ce n'est pas ma faute si j'ai la jambe pas belle. Alors pour faire oublier ma farce au plus vite, j'en fais une autre: « Le père Simon aussi, il a sa BD: Gaston Lagaffe! » Tout le monde est *crampé*. Même Bélanger. Il n'y a rien comme une blague sur un prof pour unir tous les élèves. Même pas besoin qu'elle soit bonne.

La tension est tombée. Bélanger s'en va écœurer quelqu'un d'autre. Je me replonge dans le Journal de Tintin. L'enfant sauvage a été chassé de sa tribu parce qu'il boitait. Parce qu'il ne pouvait pas rapporter de gibier comme les autres hommes. C'est pour ça qu'il erre dans la jungle.

Finalement, je pense que je vais lire autre chose. Où est mon *Sports Illustrated Swimsuit Issue*?

À tous les rejets de la planète, sachez que les *rejeteux* ne sont rien d'autre que des rejets qui attaquent. Soyez un rejet qui s'en sacre. Et vous n'en serez plus un.

Foutez-vous de ceux qui ne vous aiment pas. C'est leur problème. Ce n'est pas en essayant d'être aimé par eux que vous serez heureux. Au contraire.

De toute façon, il ne faut pas essayer d'être aimé. Il faut aimer. C'est tout. Et le reste suivra.

Le 21 janvier 2012

LA DAME DE BÉTON

Pauline Marois ne bouge pas. Contre vents et marées, contre démissionnaires et conspirateurs, contre accusateurs et blagueurs, Pauline Marois est toujours là.

En mai dernier, on était certain qu'elle ne passerait pas l'été. L'été est passé, Pauline est restée. L'automne dernier, on était certain qu'elle ne passerait pas les Fêtes. Les Fêtes sont passées, Pauline est restée.

On devrait lui ériger une statue pour autant d'opiniâtreté. Mais peut-être en est-elle déjà une ?

Pauline Marois est la dame de béton.

Plusieurs la trouvent inconsciente. Déconnectée, pathétique. Pourquoi ne se rend-elle pas à l'évidence ? Un sondage a révélé, noir sur blanc qu'avec Marois comme capitaine, le navire péquiste heurterait un immense rocher aux prochaines élections, tandis qu'avec Duceppe aux commandes, la croisière s'amuserait enfin.

Cela aurait dû être l'argument massue. Tasse-toi, Pauline, la cause de la souveraineté est en péril, mon oncle Gilles va venir nous sauver. Ça n'a même pas fonctionné. Marois a sorti son meilleur anglais: *fuck* les sondages, *fuck uncle* Gilles, *I'm staying*!

Elle ne l'a pas exprimé comme ça, mais elle l'a sûrement pensé.

Pauline Marois a assez de couteaux dans le dos pour recevoir à dîner le Québec au complet. Au lieu d'avoir sa peau, ces couteaux agissent sur elle comme un traitement d'acupuncture. Au lieu de l'achever, ils la guérissent. Ils la régénèrent. Ce qui ne nous tue pas nous rend plus forts, disait monsieur Nietzsche ou monsieur Pierre Gauthier.

Une personne qui se tient debout, après autant de trahisons, ne peut que susciter l'admiration.

Son refus de partir est en train de lui façonner une nouvelle personnalité politique. Pauline, la résistante. Pauline, la battante.

Celle qui était toujours un peu trop pincée, un peu trop au-dessus de ses affaires, celle qui semblait s'occuper de ses ministères comme on s'occupe de ses bonnes œuvres, sans se salir les mains, ni le carré de soie, est en pleine mutation d'identité. Cette femme huppée est pour la première fois de sa vie, dans la m… Dans la grosse m… Et au grand étonnement de tous, elle y reste. Elle s'y enfonce jusqu'aux yeux et ne demande pas à en sortir pour retourner cultiver les roses de son manoir.

Au contraire, elle s'y engouffre encore plus.

Cette attitude de femme qui est capable d'en prendre est en train de créer un lien entre la chef du PQ et le vrai monde. On peut enfin s'identifier à elle. Elle a de la misère comme nous. Elle mange son pain noir, comme nous. Pauline Marois n'est plus une bourgeoise de la politique, c'est une lutteuse dans la boue. Il est mieux d'être fait fort, celui qui va la sortir de l'arène de bouette. Pauline est bien ancrée.

Au début, on la croyait folle de s'accrocher, mais plus le temps passe, plus on la trouve forte. Les folles ont toujours raison.

Ce que les gens aiment plus que tout, ce ne sont pas les gagnants, ce sont ceux qui ne lâchent pas. Dans Rocky I, Balboa mange une volée. Mais après chaque round, il retourne au combat. Il se ne rend pas. Il n'abandonne pas. Jamais. Et même si, à la fin, Apollo Creed a les bras dans les airs, c'est pour Rocky que la musique joue. C'est Rocky, le champion.

Pauline Marois, en restant dans le ring, en encaissant directs et crochets, est en train de devenir la Rocky de la souveraineté.

En ces temps où routes, tunnels, échangeurs et ponts s'écroulent, un leader qui représente la solidité ne peut qu'attirer la sympathie des gens.

J'ai comme l'impression que Pauline a touché le fond et qu'elle ne peut désormais que remonter. On sera peut-être surpris de voir jusqu'où elle ira.

Être son organisateur politique, pour l'ouverture du prochain congrès du PQ, j'inviterais Marjo à venir chanter *J'lâche pas* !

C'est tout le Québec qui s'accroche, qui résiste et qui survit que Pauline Marois peut incarner.

Encore faut-il que ses militants le comprennent…

L'exemple du Canadien devrait les convaincre, en changeant le *coach*, on ne change pas grand-chose.

Le 17 août 2008

CÉLINE DANS LA CUISINE

Ça fait partie de la légende : lorsqu'elle était toute petite, Céline Dion grimpait sur la table de la cuisine et chantait pour les 15 membres de sa famille. Ce soir, la table de la cuisine est en plein milieu du Centre Bell, et Céline Dion va chanter pour les 22 000 membres de sa famille.

O. K., on a mis une nappe de lumières sur la table. Et on a sorti le plus beau service de vaisselle, avec batterie, claviers, guitares, basse et violon. Il y a des tapis roulants comme serviettes de table, des haut-parleurs en guise de poivrière, des ascenseurs dans le sucrier. Et le lustre est fait d'écrans géants. Mais ça demeure quand même une table de cuisine. La scène des réunions familiales.

Et tous les gens autour de la table sont venus entendre celle qui chante le mieux dans la famille. Celle qui chante tellement bien que, partout dans le monde, on l'aime. On la réclame. Ce qui fait qu'elle ne vient plus aussi souvent souper à la maison. Elle est prise ailleurs. Elle est prise partout. On comprend ça. Si on pouvait, on ferait comme elle. De toute façon, on la suit de loin.

On colle ses cartes postales sur le réfrigérateur. Elle nous appelle souvent. On en est fier. Et ce soir, enfin, on va l'avoir juste pour nous. Comme avant.

Elle revient avec le même amoureux qu'elle avait avant de partir! Pas un petit nouveau qu'on ne connaît pas. Non, celui qui était là au début. Celui qui sera encore là quand ça ne finira pas. Le père de son enfant. Lui aussi fait partie de la famille. Bien sûr, il est plus discret qu'elle. Ce soir, René ne montera pas sur la table comme Céline. Il va rester assis avec nous. Il va l'applaudir comme nous. Il va la trouver bonne. Autant que nous. Plus, si cela est possible. Il a beau être dans l'ombre avec nous, on sait bien qu'au fond c'est lui, ce soir, qui nous reçoit chez nous. Le menu, il l'a préparé avec elle.

Des spectacles au Centre Bell, il y en a plein. Des réunions de famille, pas souvent. Mais ce soir, c'est ça. Les gens sont heureux. On ne sent pas de doute chez eux. Avant un spectacle, on se demande toujours si ça va être bon. Pas ce soir. On le sait. Comme une mère sait que son enfant l'est. Elle n'en doute pas. Personne ne doute de Céline. Les gens ont juste hâte de la voir. Et je crois qu'ils ont même encore plus hâte que Céline les voie! C'est pour ça qu'ils se sont mis si beaux.

La voilà qui arrive. Qui monte sur la table. Avec ses talons. Et ses musiciens montent du sous-sol pour la rejoindre. Tout le monde se lève. Et crie. Fort. Les gens veulent lui faire sentir qu'il n'y a rien comme la maison. Bienvenue, Céline! *There's no place like home*, comme ils disent à Vegas! Elle le sait bien.

Je l'ai vue, en début de spectacle, tout heureuse devant l'accueil du public à Johannesburg, à Sydney, à Shanghai, à Paris, à Milan ou à Prague. Mais aussi heureuse que ce soir, pas encore. Ses yeux sont presque aussi remplis d'étoiles que lorsque René-Charles lui ouvre les bras. J'ai bien dit presque. Car l'infini, ça ne s'égale pas.

Partout dans le monde, Céline fait un peu partie de la famille. En Afrique, en Asie, en Europe, aux États-Unis, elle est leur cousine préférée. Mais au Québec, c'est plus intime, elle est notre sœur. Elle est notre fille. C'est plus qu'une chanteuse, qu'une vedette, qu'une star. C'est une Céline. C'est une proximité avec la population que peu de personnes ont eu l'honneur d'établir dans l'histoire du Québec. Pourquoi elle ?

Bien sûr, il y a d'autres grands Québécois, d'autres géants, peut-être plus importants qu'elle. Mais peut-être trop grands, justement. L'échelle n'est pas humaine. Ils sont au-dessus du monde. Le peuple les admire mais ne se reconnaît pas en eux. Céline, c'est le peuple avec un don en plus.

Céline, c'est comme Maurice Richard. Maurice, sans son instinct de marqueur, c'est le gars qui criait pour lui dans les estrades. Céline, sans sa voix prodigieuse, c'est la fille debout au balcon. C'est du monde. Du vrai monde. Du bon monde.

Le succès de Céline n'est pas seulement une question de palmarès, de records et d'Oscars. Une autre aurait pu réussir tout ça sans soulever autant de passions. Une autre aurait pu réussir tout ça en s'éloignant des gens.

Le succès de Céline découle de sa personne. De son être. De sa bonté. On aime autant qui elle est que ce qu'elle fait. La sincérité est le plus grand talent. Quand Céline chante L'amour existe encore, on sait qu'on peut la croire.

Le spectacle terminé, les gens quittent leur siège et retournent chez eux. Ils ont passé un beau moment. Maintenant, la vie reprend. Ils pensent à leur *chum*, à leur blonde. À leur mère. À leurs enfants. Au prochain barbecue avec les amis. À la rentrée des classes qui s'en vient.

Le spectacle terminé, Céline descend de la scène et retourne chez elle. Elle a passé un beau moment. Maintenant, la vie reprend. Elle pense à son *chum*, à sa mère, à son enfant. Au prochain barbecue avec les amis. À la rentrée des classes qui s'en vient.

On est comme ça, dans la famille.

CATHERINE DESROSIERS

On connaît les noms des tricheurs, des magouilleurs, des coupables : Zambito, Surprenant, Lacroix…

Les noms des justes, des dévoués, des admirables, on ne les connaît pas. En voici un : Catherine Desrosiers.

Elle est la directrice générale de l'Association Emmanuel.

On connaît l'Association des joueurs de la LNH, les associations criminelles comme les Hells ou la mafia, mais on ne connaît pas l'Association Emmanuel.

Pourtant, si les efforts du bon monde nous intéressaient, on la connaîtrait tellement.

L'Association Emmanuel est un organisme à but non lucratif qui favorise l'adoption d'enfants handicapés. Les vilains petits canards dont personne ne veut. Les enfants trisomiques, les enfants qui souffrent du syndrome d'alcoolisation fœtale, les enfants atteints du VIH, les enfants atteints du syndrome du bébé secoué, les enfants qui ont un retard mental ou une déficience physique… Bref, les enfants beaucoup trop différents.

On prie tous le Ciel pour que le nôtre ne soit pas comme ça, sans se demander ce que le Ciel fait avec ces enfants-là.

Il fait ce qu'il peut, le Ciel. Heureusement qu'il a l'aide d'Emmanuel.

Pour toutes sortes de raisons, bien des parents abandonnent leurs enfants imparfaits ou doivent s'en défaire, et ce sont les centres jeunesse qui en héritent. L'Association Emmanuel tente alors de trouver des parents prêts à les accueillir. Pas juste pour quelque temps. Pour tout le temps. Elle les accompagne durant le processus d'adoption et les soutient après. Elle crée un lien à jamais.

L'Association regroupe 187 familles au Québec et a permis à 310 enfants d'avoir un chez-soi.

La question qui fait mal : pourquoi des gens veulent-ils adopter un enfant handicapé ?

Pourquoi vouloir de cette épreuve que tous les parents redoutent ? Que certains acceptent de vivre seulement parce qu'ils n'ont pas le choix ?

Pourquoi la choisir ?

Pour notre plus grand bonheur, me répond Catherine en souriant. Ses parents à elle avaient adopté une enfant trisomique. Cette sœur a changé sa vie. Elle lui a permis d'apprendre la pureté, l'essentiel. Elle a voulu que ses enfants à elle aient la même chance. Elle a adopté un enfant qui ne l'a pas eue facile. Et toute la famille est plus riche aujourd'hui. De la vraie richesse. Celle qui rend heureux.

Pourvu qu'il soit en santé… C'est la phrase que disent tous les parents qui attendent un bébé. Ce souhait, c'est pour le bien de leur enfant, bien sûr, mais c'est aussi pour leur bien à eux. C'est tellement doux d'avoir un beau bébé joufflu. C'est tellement dur d'avoir un bébé éprouvé.

On ne veut pas d'une erreur. Et si les enfants handicapés n'étaient pas des erreurs? Si c'était nos yeux à nous qui sont handicapés, incapables de voir au-delà de l'apparence, de l'enveloppe?

S'ils étaient aussi réussis que n'importe qui, mais autrement? Les gens normaux n'ont pas de bras trop courts, de jambes trop petites ou de tête trop grosse. Mais en dedans, il y en a plein qui ont le cœur trop petit, l'esprit trop étroit, l'ego trop gros. Qu'est-ce qui est le plus important? La grandeur des bras ou celle de l'âme?

Chaque personne est unique. Il y a 2,5 milliards d'enfants sur la planète. Et chacun d'eux est différent. Et chacun d'eux a droit à une famille. Parce que chacun d'eux peut s'épanouir, peut s'embellir, peut nous guérir. Avec de l'amour.

Les parents de l'Association Emmanuel ont les yeux et le cœur moins limités que les nôtres. Pour eux, leur enfant n'est pas un fardeau, c'est un cadeau. Comme tous les enfants. Peu importe l'emballage, c'est ce qu'il y a dedans qui compte.

On le sait tous, mais eux ne font pas que le savoir, ils sont capables de le pouvoir.

Je suis moi-même né *poqué*. Pas beaucoup, mais quand même assez. J'ai eu la chance de venir au monde dans une famille qui m'a beaucoup aimé. Je compatis avec les enfants qui ont eu le double malheur d'être différents et abandonnés. Et je remercie le Ciel que des gens comme Catherine Desrosiers existent.

Elle ne se trouve pas exceptionnelle : aimer ses enfants, tous ses enfants, pour elle, c'est naturel. C'est pour ça qu'elle est exceptionnelle. Elle n'est pas en mission ni en croisade. Elle essaie juste de se débrouiller dans tout ça et d'aider les autres parents à ne pas se décourager, les jours plus difficiles. Parce que ce n'est pas toujours rose. Mais rien n'est toujours rose, même pour les beaux bébés roses.

Les parents qui n'ont pas en eux la force de chérir un enfant différent ou qui seraient incapables d'en adopter un n'ont pas à se sentir coupables. Il n'y a pas que les enfants différents qui ont des limites, on en a tous. Mais ayons au moins l'humilité d'aider ceux qui sont capables. Faisons notre part. Notre toute petite part.

L'Association Emmanuel cherche 50 000 $ pour assurer son existence et rendre meilleure celle de gens qui le méritent tellement. Son site internet est le suivant : association1emmanuel.wordpress.com. Vous pouvez y faire un don.

Si on est si souvent découragé du genre humain, c'est parce qu'on parle trop des mauvaises personnes, et pas assez des Catherine Desrosiers.

⊣⊢

ARRÊTEZ DE NOUS CONSULTER !

Pauline Marois a trouvé la solution aux problèmes du Québec. Elle va organiser une série d'assemblées citoyennes qui lui permettront d'écouter les Québécois, de mieux comprendre leurs rêves et leurs craintes. Ça débute mardi.

Le Nouveau Mouvement pour le Québec a aussi trouvé la solution aux problèmes du Québec. Il l'a même trouvée avant Mme Marois. Il va organiser une série d'assemblées citoyennes qui lui permettront d'écouter les Québécois, de mieux comprendre leurs rêves et leurs craintes. Ça débute dimanche.

François Legault a lui aussi trouvé la solution aux problèmes du Québec. Il l'a même trouvée avant le Nouveau Mouvement pour le Québec, donc avant Mme Marois. Il va organiser une série d'assemblées citoyennes qui lui permettront d'écouter les Québécois, de mieux comprendre leurs rêves et leurs craintes. Ça débute en septembre.

C'est une véritable épidémie de consultations citoyennes qui s'abat sur le Québec. Ajoutez à cela le premier ministre Charest qui, lorsqu'il ne fait pas le mort, consulte le citoyen à travers de nombreuses commissions et analyses de sondages. Sans oublier le maire Tremblay, qui consulte ses courriels. Bref, ce sont tous les politiciens qui se tournent vers le citoyen pour trouver des remèdes aux maux de la société.

Ben, savez ce qu'il vous dit, le citoyen, il vous dit: «Lâchez-moi!» Vous voulez savoir ce que veut le citoyen, c'est pas compliqué, pas besoin de partir en tournée, pas besoin de faire un cirque avec ça, le citoyen veut la santé, la prospérité et la paix. C'est ça qu'il veut. Santé, prospérité, paix. Comment? Ça, c'est votre job. C'est pour ça qu'on vous appelle des leaders. Vous êtes censés avoir des idées. Des idées pour nous permettre d'avoir la santé, la prospérité et la paix.

Le citoyen a d'autres choses à faire que de se faire consulter. Il se lève le matin, il va conduire les petits à la garderie, il traverse le pont, en espérant que le pont ne le traverse pas, il va au travail, retraverse le pont, ramasse les petits, fait le souper et les devoirs, regarde la télé, son ordi et son téléphone, puis se couche. Le lendemain, ça recommence. Il a élu des gens censés avoir une vision, un plan pour leur communauté. Le citoyen compte sur eux.

C'est ça, vivre en société. Chacun fait son bout.

Quand le citoyen tombe malade. Il va voir le médecin. Il ne veut surtout pas que le médecin lui demande: «Que pensez-vous que je devrais faire pour vous guérir?» Le médecin a étudié 10 ans à l'université pour apprendre à soigner. Il est censé savoir. Soigne-moi pis vite!

Quand la maison du citoyen est en train de brûler. Il appelle les pompiers. Il ne veut pas que le pompier lui demande : « Que pensez-vous que je devrais faire pour éteindre le feu dans votre maison ? » C'est lui qui a le camion. Éteins-le, pis vite !

Le médecin sait quoi faire. Le pompier sait quoi faire. On veut que nos politiciens sachent quoi faire.

Montréal tombe en ruine, que faut-il faire ? Ne nous le demandez pas, c'est nous qui vous le demandons. C'est vous, le ministre. C'est vous, le boss. Il y a des gens qui ont le cancer et qui attendent des mois avant de se faire opérer, que faut-il faire ? C'est simple, il faut les opérer, alors faites en sorte qu'ils se fassent opérer. Comment ? C'est votre job !

On devine bien la stratégie derrière toutes ces consultations. Vous écoutez le citoyen pour, après, lui répéter ce qu'il vous a dit. Vous pensez que si vous dites au citoyen ce qu'il veut entendre, c'est la meilleure façon d'obtenir son vote.

Arrêtez de juste vouloir notre vote. Vous êtes lourds, à la fin. Commencez par vouloir notre bien.

On ne veut pas des politiciens qui nous suivent. On veut des politiciens qui nous ouvrent le chemin.

C'est bien gentil d'être à notre écoute. Mais on aimerait vous entendre dire quelque chose. De la substance ! Du contenu ! Bien sûr, en vous affirmant, en prenant position, vous risquez de baisser dans les sondages. Mais vous risquez de monter aussi.

Chaque citoyen fait son travail. Faites le vôtre.

Et ne vous inquiétez pas, on va vous dire assez rapidement ce qu'on en pense.

Mais faites quelque chose! Prononcez-vous. Vous voulez un Québec libre ou pas? Vous voulez partager les richesses ou pas? Vous voulez une société plus stricte ou plus ouverte? Dites-le. On le sait que vous voulez notre vote, mais nous, on aimerait le donner à des gens qui veulent aussi autre chose. Par conviction. Pas par intérêt.

LETTRE AU FACTEUR

Cher facteur,

J'ai attendu, toute mon enfance, votre venue avec impatience. Ma tante préférée m'avait abonné au Journal de Tintin que je recevais directement de la lointaine Europe, terre de mes héros ; Michel Vaillant, Ric Hochet et Olivier Rameau. Il était plié dans une enveloppe en papier brun glacé avec mon nom dessus. Avoir son nom sur une enveloppe était un grand accomplissement. Ça rendait un petit cul grand.

Livrer le courrier chez nous n'était pas chose facile. Nous n'avions pas de gros chien, mais une petite chatte qui attaquait les enveloppes dès que vous les insériez dans la fente au bas de la porte. Pour elle, chaque lettre était une souris tentant de s'infiltrer dans la maison. Des fois, ce sont vos doigts qui recevaient les coups de griffes. Fétiche n'était pas la seule à se précipiter vers l'entrée pour chacune de vos visites. Ma sœur courait voir si son amoureux américain lui avait fait une nouvelle déclaration. Mon frère se pressait aussi, mais uniquement pour les timbres qu'il collectionnait. Ma mère aimait bien fouiller dans le courrier pour trouver des cartes postales de sa sœur, la bohème. Il n'y a que mon père qui était complètement indifférent à la poste. Faut dire qu'il ne recevait que des factures.

On vous croisait, parfois dans le quartier. Le visage basané même en hiver, le pas alerte, tenant en bandoulière le destin des gens de Notre-Dame-de-Grâce. Sur les trottoirs, les passants sont tous des figurants. Le rôle principal appartient au facteur. Chaque maison est pour vous une destination. Chaque maison est votre lieu de travail.

Recevoir un courriel est une chose banale, mais recevoir une lettre est un événement spécial. Et ce fut toujours ainsi, même au temps où c'était le principal moyen de communiquer. Parce qu'il y a, dans l'arrivée de l'objet, un exploit. Une attention partagée. Toutes les lettres ont du vécu. Toutes les lettres ont du *millage*. Toutes les lettres sont un voyage. Quelqu'un l'a laissée tomber dans une boîte à Rio ou à Rigaud, et des dizaines de personnes l'ont manipulée pour qu'un beau matin, elle apparaisse sur le tapis du portique, comme un génie sortant d'une bouteille. Il y a dans la chaîne humaine nous permettant de recevoir une lettre de rupture, un valentin ou une facture d'électricité, un effort collectif d'un grand romantisme. Cette époque achève. Comme vous le savez, Postes Canada a annoncé, cette semaine, que d'ici cinq ans, on mettrait fin aux livraisons à domicile. Dans un avenir prochain, il nous faudra quérir notre courrier dans des endroits précis. Votre métier, tel que vous le pratiquez encore aujourd'hui, est appelé à disparaître. Comme celui, jadis, des allumeurs de réverbères.

Je veux vous dire merci. Pour tout ce que vous avez fait pour nous. Pour toutes vos ampoules aux pieds pour mettre de la lumière dans nos yeux. Merci d'avoir été le messager de nos victoires et de nos échecs. Quoi que disent les bureaucrates, vous n'êtes pas d'une autre époque. On a encore besoin de vous.

Ce qui s'écrit dans un message texte ou un courriel n'a rien à voir avec ce qui s'écrit dans une lettre. Il faut les deux. Les courriels pour l'immédiat, le travail, les choses courantes, les commissions, les directions, les mots pratiques. Les lettres pour les grandes demandes, les doux aveux, les invitations, les remerciements, les mots du cœur.

On reçoit en ce moment plein de cartes de Noël électroniques. Avec des belles animations et de la musique. Ho! Ho! Ho! C'est bien sympathique, mais est-ce vraiment des cartes de Noël? Une carte de Noël, c'est un cadeau. C'est une décoration. C'est une matière. Ça se touche. Ça se met sur le manteau de la cheminée. Ça habite l'espace. Ça se regarde de loin, pendant qu'on attend la visite. Pour bien des gens, c'est même la seule visite. Il faut que ça existe. En trois dimensions. C'est comme envoyer la photo d'une auto à quelqu'un. On ne vient pas de lui donner une auto. Une carte de Noël électronique, ce n'est pas une carte de Noël. C'est la photo d'une carte de Noël.

Bien sûr, ça coûte moins cher, c'est moins de trouble. La photo d'un sapin aussi, ça coûte moins cher, c'est moins de trouble, mais ça n'illumine pas une maison.

J'ai peur qu'en privant les Canadiens d'un service postal comme nous en avons toujours connu, on en vienne à perdre les sentiments qui nous poussent à écrire sur du papier, à parfumer la lettre, à faire un dessin pour grand-maman. Les sentiments qui ne sont pas instantanés, les sentiments qui ne fanent pas à l'instant. Les sentiments qui prennent du temps et qui durent longtemps.

Bien sûr, on pourra encore envoyer des lettres qui seront livrées à des endroits spécifiques, mais leur réception ne sera plus un moment magique. Ce sera une corvée de plus. Tant et si bien, que pour ne pas déranger le destinataire, on n'en enverra plus, de peur que grand-papa tombe sur la chaussée, juste avant les Fêtes, pour aller chercher une carte lui souhaitant la santé.

Ami facteur, dans un monde idéal le service que vous rendez ne serait pas remplacé par la technologie. Parce que la technologie ne se substitue pas à la poste, c'est juste autre chose. Comme un synthétiseur ne remplace pas un violon. Chacun son son.

Je vous souhaite de joyeuses Fêtes quand même. Plein d'amour et de longues marches.

En espérant que vous êtes abonné à La Presse et que cette lettre apparaîtra sur votre paillasson, ce matin. Sinon, il y a toujours l'iPad…

À bientôt, et pour longtemps, j'espère.

LE BONHEUR JOUE AU TENNIS

Le stationnement aux abords du stade Uniprix est en *garnotte*. Il flotte un air de campagne. On traverse le parc Jarry. Des gens jouent au ballon, pique-niquent ou dorment au soleil. S'il y a une justice en ce bas monde, c'est être dehors, un jour de beau temps. Aucune villa de riches, aucun château, aucun penthouse ne peut rivaliser avec un endroit en plein air. L'extérieur, c'est le bonheur. Arrivé dans l'enceinte, pas de musique d'arcade agressante, pas de vroum-vroum de moteurs, pas de bruit, presque le calme. De tous les sports, celui qui est le plus appréciable sur place est le tennis. D'abord, on voit tout. Deux joueurs, parfois quatre, une balle, suffit d'avoir l'œil vif et rien ne nous échappe.

Raonic et Nadal font leur entrée. Pas de *boucane*, pas de laser, pas de U2, pas d'entourage. Seulement deux gars qui s'en viennent jouer au tennis. Ils traînent eux-mêmes leurs sacs, comme tous les joueurs de tennis de la planète, qu'ils soient à Wimbledon ou au parc Joyce.

Le Canadien et l'Espagnol échangent des balles. Ils s'échauffent ensemble dans une belle camaraderie. Imaginez deux boxeurs, lors d'un championnat du monde, qui pratiqueraient leurs *jabs* ensemble! Ça finirait mal.

Au tennis, on a remplacé la dose d'animosité incluse dans toutes les rivalités sportives par un gros paquet de respect. On n'est pas ici pour écraser son adversaire, on est ici pour taper sur la balle. Pour être celui qui saura toujours la retourner dans les limites de celui qui nous fait face. Le tennis n'est pas un combat. Le tennis est un échange.

Je n'ai jamais vu de bataille entre deux joueurs de tennis. Certains ont le sang chaud. John McEnroe brisait sa raquette, engueulait l'arbitre, *kickait* la balle, faisait la *baboune*, mais jamais il ne bûchait son adversaire. Ce n'est pas dans la culture de ce sport. Un match de tennis, c'est avant tout un match contre soi-même. Tout est dans le contrôle de ses actes. Le talent de son rival ne fait que mettre en évidence ses propres limites.

Et puis, les joueurs sont vêtus d'un polo et d'une culotte courte; on ne *pogne* pas les nerfs quand on est en culotte courte. Imaginez, gagner sa vie les jambes à l'air, en costume de détente, quel beau métier!

L'arbitre annonce le début du match. Juché sur sa chaise haute, l'officiel semble provenir d'une autre époque. Avec son petit parasol pour le protéger du soleil, on se croirait dans un camp de vacances. Dans tous les autres sports, l'arbitre est au niveau du jeu; lui, il le domine, il le regarde de haut. On dirait le sauveteur d'une piscine sans eau.

Les petits pages qui courent les balles ajoutent à l'ambiance. Tout ça a l'air d'une belle activité scolaire. Les jeunes s'exécutent avec discipline. Leur ballet est réglé au quart de tour comme dans un spectacle de fin d'année.

Le match est commencé. Ce ne sera pas un long duel. Milos n'a que son service pour se défendre. Rafael a la vitesse, la force, le savoir. Le rêve canadien ne se couchera pas tard. La veille, les confrontations étaient beaucoup plus relevées. Djokovic contre Nadal, Raonic contre Pospisil, du bonbon. De l'équilibre des forces naît la grandeur.

Cet après-midi, le perdant a déjà gagné. Personne ne voyait Roanic en finale. Faut pas en demander plus. Les scénarios d'Hollywood, c'est à la lutte, pas au tennis.

De toute façon, Nadal, on l'aime. Surtout les dames. Si je me pognais autant le fond de culotte que Nadal, ma blonde me renierait. Mais quand c'est Nadal qui, avant chaque coup, se tire la *craque*, se gratte la *poche*, se touche l'oreille, se frotte le nez, se re-tire la *craque*, se re-gratte la *poche*, se re-touche l'oreille, se re-frotte le nez, elle trouve ça mignon. Tout doit être dans le design de la *craque*.

Nadal est en train de servir une leçon de tennis au Canadien et le public sourit. Au tennis, le public sait vivre. Il y a bien quelques électrons libres de temps en temps pour crier quelques âneries, mais la foule, dans son ensemble, se comporte dignement. On hue peu. On ne ridiculise pas. Pas de « *na-na-hey-hey-goodbye* ». On a l'esprit sportif.

Parfois, on a des absences. Le public de la Coupe Rogers s'est fait reprocher par un joueur letton d'avoir applaudi une double faute qui avantageait le joueur canadien.

Le Letton avait raison. Ça ne se fait pas. Pardon mon oncle, on ne recommencera plus. Vivement un sport où le public est bien élevé. Quand une balle de tennis va dans les gradins, le spectateur ne la met pas dans ses poches, le spectateur la remet sur le terrain. Au tennis, le spectateur fait partie du jeu.

Nadal vient de gagner. Il pourrait se sauver avec son gros chèque d'un demi-million en courant jusqu'au guichet. Pas du tout. Les cérémonies officielles sont terminées, il est encore là. Il signe des autographes pour les fans. Le stade se vide, Nadal continue de serrer des mains. Les joueurs de tennis savent vivre. Ils ont tous remercié en français la foule montréalaise. Une leçon pour tous les hockeyeurs obtus. Aimer le monde qui vous aime, c'est si naturel.

Le tennis est un sport de proximité. Le tennis est un sport à l'échelle humaine.

J'ai pris du temps à devenir un habitué de la Coupe Rogers. C'est grâce à mon amie Flavie que j'y suis allé pour la première fois, il y a sept ans. Je n'ai plus manqué un seul rendez-vous depuis.

Je ne vous recommande pas d'y aller l'an prochain, j'insiste ! Je vous achale, je vous harcèle ! Vous devez y aller ! C'est un must. Vous allez me remercier. Vous ne vous doutez pas à quel point c'est agréable. C'est bon, c'est simple, c'est l'été. Regarder une balle se promener de gauche à droite est un pur moment d'enfance retrouvée. Avantage tennis.

Le 4 août 2013

LA RUE QUI TUE

Lundi, autour de minuit, une dame de 67 ans traversait le boulevard Saint-Laurent. Un homme s'est jeté sur elle, et l'a sauvagement rouée de coups. La dame rentrait chez elle. Au lieu, elle est entrée au ciel. Un geste complètement gratuit commis par un *bum*, probablement intoxiqué par l'alcool et la drogue. En pleine rue principale de Montréal, sur la Main.

Montréal a longtemps été une ville innocente et heureuse. On s'y promenait la tête en l'air. Ce n'est plus le cas. Montréal commence à faire peur. On y marche la tête baissée en se mêlant de ses affaires.

On s'y sent de moins en moins en sécurité. Bien sûr, les policiers ne peuvent pas être partout, mais encore faut-il qu'ils soient affectés aux bons endroits. Un citoyen a reçu un constat d'infraction de 147 $ pour s'être promené sur la pelouse du parc Serge-Garant, derrière la station de métro Beaudry. C'est important de protéger le gazon, mais c'est plus important de protéger les gens. Si l'on a assez de personnel pour sauver les brins d'herbe, on devrait en avoir assez pour sauver les civils qui se promènent sur les boulevards éclairés de néons.

Avis aux candidats à la mairie : un policier n'est pas un percepteur d'impôt. Il n'est pas là pour faire entrer du cash dans les coffres de l'État. Il est là, avant tout, pour que nous puissions vivre en paix. Je sais, ça coûte cher. Mais au lieu de mettre 3 % de l'argent des contrats dans vos poches, mettez-le donc pour payer plus d'agents, au sortir des bars, ce serait déjà ça.

Les rues, ce sont les artères qui alimentent le cœur d'une ville. L'endroit où les destins se croisent, dans un implacable ballet. La façon de partager cet espace est révélatrice d'une société. Je nous trouve, de plus en plus, agressifs, intolérants, tout le temps en *sacrament*. On n'en vient pas toujours aux poings, mais on sent une tension latente entre nous. Une sensibilité irascible qui n'était pas là, avant. Au temps des fleurs dans les cheveux et de la Terre des hommes.

Est-ce les travaux routiers qui ne se terminent jamais, les scandales de corruption à répétition ou la disette de 20 ans sans Coupe Stanley du Canadien, qui nous minent le moral ? Toujours est-il que le Montréalais est en train de perdre la caractéristique qui fait sa réputation mondiale : sa joie de vivre. Montréal s'en vient *stressé*. Montréal s'en vient dur. Montréal se *démontréalise*.

Demandez aux vedettes de tennis qui font escale, chez nous, pour la Coupe Rogers, ce qu'elles préfèrent quand elles sont ici. Elles vous répondront tous : la gentillesse des gens. Nous ne sommes pas les plus riches, les plus beaux, les plus puissants de la planète, mais nous sommes parmi les plus fins. C'est tout à notre honneur. Mais cela devient de moins en moins vrai. On se klaxonne, on se tasse, on s'évite. La politesse de la rue n'existe plus.

Une jeune mère de famille revient des urgences avec son enfant. Elle monte dans l'autobus 108 de la STM. Elle doit payer 3 $. Elle a un cinq-*piastres* en papier. Le chauffeur n'accepte pas les billets de banque. Ça prend une carte ou de la monnaie. La maman ne le savait pas. Le chauffeur fait venir les inspecteurs qui collent à la femme une contravention de 219 $. Ben voyons, ce n'est pas ça, Montréal! Les gens ne sont pas censés être bornés à Montréal. La crise économique est-elle en train de nous rendre épais?

Avons-nous perdu toute humanité dans nos rapports? C'est la course aux tickets. On met à l'amende tout ce qui bouge, les automobilistes, les cyclistes, les piétons, les chiens, les chats, pour des banalités. Les gens paisibles ne sont pas des menaces pour cette ville. Il faut protéger les citoyens des violents de la nuit, pas des rêveurs dans les parcs. Un peu de bon sens, svp.

C'est bien beau la bouffe de rue. Ça rend plus agréables nos déplacements dans la cité. Mais ce dont la rue manque le plus, c'est de cœur. De contacts. Prendre soin des sans-abris. Être attentifs aux passants. Chacun est trop isolé dans son monde. Et ce monde est ailleurs, à l'autre bout de son cellulaire. Les gens dans la rue ne se voient plus. Ils voient leurs texto. Ils voient leur Skype. Mais pas les personnes autour d'eux.

Il faut que la musique et le rire ne disparaissent pas de la métropole, aussitôt leurs festivals terminés. Il faut que l'esprit de la fête ne soit pas cantonné à un emplacement précis, deux mois par année. Il faut redonner un sourire à toute la ville, en tout temps et en tout lieu.

Et cette fois, ça ne dépend pas seulement des politiciens. Ça dépend surtout de nous. C'est à nous d'être moins habités par la rage du volant, du guidon ou de la sandale. C'est à nous à redonner à la ville son côté latin, mélangé, beau dommage. Un Paris avec des gens cool. Un petit coin de paradis.

La rue qui vit.

L'HOMME EST MOINS INTELLIGENT QUE SON TÉLÉPHONE

Les gens dans la rue ne marchent plus, ils suivent leurs téléphones. Les gens ne regardent plus où ils vont, ils regardent leurs téléphones. Et peu importe avec qui ils sont, les gens sont avec leurs téléphones. C'est LA chose. L'indispensable chose.

Le téléphone est le V. I. P. de nos vies : le *very important phone*. Il a priorité sur tout. Peu importe où l'on est, si la petite lumière rouge scintille, notre main va toucher l'objet. Que ce soit au beau milieu d'une conversation, pendant une réunion ou durant la communion, quand le téléphone appelle, l'homme répond. C'est inné. C'est dans nos gènes.

Au 21e siècle, un monsieur parle avec une madame. Soudain, un pigeon voyageur se pose sur l'épaule du monsieur, pensez-vous que le monsieur va continuer de conter fleurette et attendre d'être seul avant de prendre connaissance du message que lui apporte l'oiseau ?

Pas du tout. Il va s'occuper du pigeon et délaisser la tourterelle. La livraison est toujours prioritaire.

Souvenez-vous, au bon vieux temps du gros téléphone à roulette dans les maisons, dès qu'il sonnait, c'était la course. On arrêtait tout pour aller répondre. C'était comme une alarme pour le feu, mais au lieu de se sauver, on accourait.

Maintenant, l'alarme est dans nos poches. Plus besoin de courir. Il suffit de tendre la main pour fuir le quotidien. L'appel de l'inconnu, c'est ce qui fait que nous sommes tous esclaves de ces petits engins.

Quand on est avec quelqu'un, quelque part, on sait tout. On sait avec qui on est, on sait où l'on est. On est dans le connu. C'est alors que la chose sonne ou vibre, et là, instantanément, on bascule dans l'inconnu. C'est qui? C'est quoi? Que vais-je apprendre que je ne sais déjà? Alors, au risque d'être impoli, on vérifie. Pardon l'ami, mais ce que j'ai dans la poche est peut-être plus intéressant que toi. On touche la chose avec empressement. Comme si notre vie allait changer. Comme si on espérait recevoir un message de Loto-Québec nous apprenant qu'on vient de gagner 35 millions. La plupart du temps, c'est un message de notre blonde qui nous dit de ne pas oublier le pain.

D'ailleurs, la blonde a une relation amour-haine envers l'objet. Elle exige qu'on se précipite dessus, en tout temps et en toutes circonstances, quand c'est elle qui appelle. Mais quand elle est à nos côtés, elle ne tolère pas que la pensée nous effleure de vouloir y toucher.

Au téléphone, bien sûr. Je dis la blonde, mais c'est la même chose pour le chum.

Jadis, on était jaloux d'un Robert ou d'une Valérie, aujourd'hui on est jaloux d'un iPhone ou d'un Blackberry. Et il y a de quoi. C'est rendu qu'on a plus de fun avec son téléphone qu'avec les gens qu'il nous permet de joindre.

C'est le compagnon idéal. Avec lui, j'ai accès à mes courriels, à mes messages textes, à Twitter, à Facebook, à YouTube, au web. Je peux prendre des photos, je peux filmer ce qui ne se passe pas autour de moi, je peux regarder un match de hockey, je peux écouter de la musique ou des *podcasts*, je peux me faire guider par un GPS, je peux jouer à des jeux et je peux télécharger des dizaines d'applications. Ah, j'oubliais, je peux aussi téléphoner et recevoir des appels. Quel ami est aussi divertissant?

Regardez les gens dans les partys, d'une main, ils tiennent leur drink, et, de l'autre, ils envoient des messages textes avec leur téléphone, question de savoir si le plaisir n'est pas ailleurs. Avant on s'ennuyait, maintenant, on *twitte*.

Il faut se rendre à l'évidence. Les téléphones sont plus intelligents que les hommes. On ne sait plus le numéro de téléphone de personne, notre téléphone les sait tous. On ne sait plus comment se rendre nulle part, notre téléphone sait aller partout. On ne sait pas quel est notre prochain rendez-vous, notre téléphone le sait pour nous. Le téléphone est un disque dur que l'on rajoute à notre cerveau. Une extension de notre esprit.

C'est notre guide. Notre doudou. On ne peut plus vivre sans lui. Il est notre sécurité. À midi ou à minuit, avec lui, on sait que l'on peut toujours se débrouiller. On est hors de danger. Il y en a qui l'appellent Fido, mais la laisse n'est pas autour du cou de celui que l'on croit. C'est lui, notre maître.

Et ça ne fait que commencer. Les téléphones intelligents deviendront de plus en plus intelligents. Bientôt, ils n'auront plus besoin de notre main. Ils se répondront les uns, les autres. Et nous, on les écoutera.

Vous pouvez lancer des journées sans ma voiture, des journées sans mon ordinateur, des journées sans mon steak haché, elles auront toutes leurs disciples. N'essayez jamais d'instituer une journée sans mon téléphone, la planète arrêterait de tourner. Le krach à côté de ça aurait l'air d'un jour férié. Le monde tel que nous le connaissons ne peut plus se passer de cette invention.

En ce week-end de l'Action de grâce, force est de constater que l'homme ne croit plus en rien, sauf en son téléphone. La nouvelle sainte Trinité est le 3G. Rendons grâce à l'antenne suprême.

Sur ce, je vous laisse, je vibre.

⸻

Le 27 août 2011

L'OPTIMISTE ET LA MORT

La mort de Jack Layton m'a ébranlé. Comme vous tous, sûrement. Parce que c'était un homme généreux et honnête, un politicien chaleureux, près des gens, un militant dévoué. Bref, un bon gars.

La mort d'un bon gars, ça fait toujours beaucoup de peine. C'est sûr.

Mais il y a autre chose qui me bouleverse.

Un terrible constat: l'optimisme ou la bonne attitude ou le moral d'acier ou la foi, appelez ça comme vous voulez, n'est pas un pouvoir magique, comme on aime tant le croire.

« Je vaincrai ce nouveau cancer et je serai de retour à la Chambre des communes. »

Quand Jack Layton a fait cette promesse, le 25 juillet dernier, il avait beau être amaigri, changé, avoir le regard vide et la voix éteinte, on se disait que si quelqu'un était capable de conjurer le mauvais sort et de revenir en forme, c'était lui. Parce qu'il était tellement positif. Tellement sûr de lui.

Après tout, un homme, qui ne se laisse pas abattre est plus fort que tout. Un homme qui ne se laisse pas abattre arrive toujours à s'en sortir.

Eh bien… non.

Quand on veut, on peut… souvent. Mais parfois, même quand on veut, on ne peut pas.

Et ce n'est pas notre faute.

Les initiés du Secret, les apôtres du pouvoir de la pensée prétendent que tout est question de volonté. Il suffit de vouloir être riche et on le sera. Il suffit de vouloir être en santé et on le sera.

Eh bien… non.

C'est sûr que, sans la volonté, on ne peut rien faire. Mais avec la volonté, on ne peut pas tout faire.

La mort de Jack Layton nous place devant cette cruelle réalité. Même en étant le plus positif des hommes, il y a des objectifs qu'on ne peut atteindre.

Alors qu'est-ce qu'on fait? On déprime? On se laisse aller? On s'écrase?

Le bon Jack a pensé à tout ça, quelques heures avant de rendre l'âme. Il a pensé à tous ceux que son départ allait décourager, et il nous a écrit une émouvante lettre qui se termine ainsi: «Mes amis, l'amour est cent fois meilleur que la haine. L'espoir est meilleur que la peur. L'optimisme est meilleur que le désespoir. Alors aimons, gardons espoir et restons optimistes. Et nous changerons le monde.»

«Restons optimistes» sont les dernières paroles d'un mourant. *Wow!* Faut le faire! Jack Layton aura eu le dernier mot sur la mort. Il n'a jamais baissé les bras. Jack Layton a gagné. Malgré tout. Il aura donc tiré le meilleur de chacune des secondes de sa trop courte existence.

Il ne faut pas être optimiste parce que cela nous rendra la vie plus belle un jour. Il faut être optimiste parce cela nous rend la vie plus belle tout de suite. Tout de suite, c'est tout ce que nous avons. Le présent est notre seule richesse. Le présent, ce n'est pas très long, mais ça peut être très beau. Beau comme le sourire de Jack.

Quand on veut, on est mieux. Peut-être qu'on n'obtiendra pas ce qu'on veut—ce n'est pas si grave. L'important, c'est le vœu.

Être heureux, c'est de vouloir.

Sa lettre en est la preuve : même mort, Jack veut encore.

Jack est le plus fort.

Pourtant, ce qui me tue, chaque fois qu'une personnalité meurt du crabe maudit, c'est d'entendre ou de lire : « Il a perdu sa bataille contre le cancer. »

Je l'ai écrit sur mon blogue en novembre 2010 quand Pat Burns s'est éteint. Pat Burns n'a pas perdu sa bataille contre le cancer. Il est allé au bout de sa vie. Comme nous irons tous. Vrai, il a dû se battre pour vivre dans les dernières années de sa vie, mais sa mort n'est pas une défaite. C'est juste que la cloche a sonné. Comme elle sonnera pour nous tous. Et si l'arbitre en haut a un bras à lever, ce sera sûrement celui de Pat Burns. C'est lui, le champion. Pas le cancer.

Je l'ai écrit de nouveau cette semaine, quand j'ai encore entendu l'injuste métaphore. Jack Layton a fini sa vie en gagnant. Ne prétendez surtout pas que M. Layton a perdu son dernier combat contre le cancer. La mort n'est pas une défaite. La mort est notre destin. À tous.

Et je l'écrirai chaque fois qu'on fera d'un défunt un défait.

Il faut changer notre rapport à la maladie et à la mort.

Le cancer détruit le corps, pas la pensée.

La pensée de Jack Layton est encore bien vivante. Je dirais même : plus que jamais.

D'ailleurs Jack n'a pas écrit : « Vous changerez le monde. » Il a écrit : « Nous changerons le monde. »

Parce qu'il est encore là. En nous.

Cela dit, changerons-nous le monde ?

L'important, c'est de le vouloir.

LE SOURIRE D'ARMANDO

Début de la neuvième manche, Armando Galarraga, le lanceur des Tigers de Detroit, se prépare à lancer. Il est à trois retraits de la perfection. Oui, la perfection. Aucun frappeur des Indians de Cleveland n'a réussi à se rendre sur les sentiers. Aucun coup sûr, aucun but sur balle, aucune erreur, rien. Galarraga pourrait devenir le 21ᵉ lanceur de l'histoire à réussir un match parfait. La ligue majeure de baseball existe depuis 1865.

Premier frappeur pour Cleveland : Mark Grudzielanek. Il cogne la balle solidement, loin dans le champ centre. Jackson court, court, court et réussit un attrapé à la Willie Mays. Ouf! Premier retrait. Galarraga sourit à belles dents. Il a eu chaud, mais tous les espoirs sont encore permis.

Mike Redmond au bâton, roulant à l'arrêt-court, relais au premier but, retiré! La foule se lève et applaudit. Plus qu'un seul retrait et Galarraga entre dans la légende. Les spectateurs aussi. Ils pourront dire : j'y étais.

Une prise et une balle contre Jason Donald. Galarraga lance… Donald frappe un roulant entre le premier et le deuxième but. Cabrera ramasse la balle, Galarraga se rend lui-même au premier but pour saisir le relais. Ça y est. La foule délire. Galarraga sourit de bonheur. L'arbitre crie: «*Safe!*» Quoi? Il déclare le joueur des Indians sauf au premier!? C'est la consternation. La foule gronde. Même le coureur n'en revient pas. S'il le pouvait, il se retirerait lui-même. Galarraga ne sourit plus de bonheur. Mais il sourit encore. En une fraction de seconde, son grand sourire de perfection s'est changé en sourire de déception. En sourire de philosophe qui accepte la fatalité. Il regarde l'arbitre Jim Joyce dans les yeux, sourire aux lèvres. Aucun gros mot. Aucune insulte. Aucune menace. Puis il se dirige vers le monticule en ajustant sa casquette sur sa tête. Cet homme est cool. Cet homme est bien.

Le gérant des Tigers sort en trombe de l'enclos et semonce Joyce. Mais ce qui est dit est dit, et Joyce a dit «sauf». La foule hue. Joyce est devenu l'ennemi public numéro 1 de la ville de Detroit. La reprise à la télé ne laisse aucun doute. Donald était retiré. Le match aurait dû se terminer ainsi. Galarraga porté en triomphe par ses équipiers, sous les cris de joie des partisans et les flashs des photographes. Un héros serait né. Le nom de Galarraga serait inscrit à jamais dans le livre des records. Le 21e lanceur parfait du baseball. Mais la perfection de l'un a souvent comme limite l'imperfection de l'autre. Et l'erreur de l'arbitre prive le lanceur de sa gloire méritée.

Crowe est le prochain frappeur. Il cogne la balle au troisième but. Relais au premier, retiré. Cette fois, c'est vrai, le match est fini. La mauvaise décision de Joyce n'a pas ébranlé le moral de Galarraga. Il a continué d'être parfait jusqu'au bout. Pour lui seulement. Pas pour la postérité.

Si Galarraga n'a jamais perdu son sourire, l'arbitre, lui, est en larmes. Inconsolable. Il a vu la reprise. Il a vu l'évidence. Il s'est trompé au pire moment qui soit. Joyce s'excuse comme un enfant repentant. Avec tout le regret de l'homme qui sait que cette erreur le suivra toute sa vie. Au début du match suivant, il demande pardon en personne à Galarraga, qui accepte ses excuses avec le sourire. Galarraga et Joyce sont à jamais liés. Ils feront pour toujours partie de la même question piège.

Le commissaire Bud Selig n'a pas renversé la décision de Joyce et accordé son dû à Galarraga, comme plusieurs observateurs le demandaient. Il a bien fait. Le baseball est un sport de décisions. Chaque geste est jugé. Chaque lancer, chaque coup, chaque attrapé appelle un jugement de l'arbitre. Si on peut les contester après le match, ça ne finira plus.

Bien sûr, les arbitres pourraient être remplacés par des machines. Un microprocesseur dans le coussin, un microprocesseur dans la balle et on saurait avec exactitude si le pied a touché le coussin avant que la balle ne touche le gant. Un jour, peut-être. Mais tant que l'on se fie à l'œil humain pour déterminer si le joueur est retiré ou non, il faudra accepter que parfois l'humain se trompe. Tous les joueurs de baseball, même les légendes, ont commis, au cours de leur carrière, des dizaines et des dizaines d'erreurs. Ça fait partie du sport. Les erreurs des arbitres en font partie aussi.

Ce match imparfait du 2 juin 2010 est plus mémorable que bien des matchs parfaits. Il nous aura permis d'apprécier la nature humaine dans ce qu'elle a de plus beau.

Galarraga, victime d'une grave injustice, aurait pu être frustré, tranchant, violent. Il aurait pu réagir comme bien des bébés gâtés du sport, en ne pensant qu'à lui. Au contraire. Il ne lançait pas pour lui, il lançait pour faire gagner son équipe, et son équipe a gagné. Alors il n'a pas fait un plat de sa mésaventure personnelle. Il a été, dans l'adversité, encore plus grand que dans l'exploit.

Jim Joyce aurait pu fuir les journalistes et ne jamais reconnaître sa gaffe. Se cacher derrière son bouclier d'arbitre, d'homme qui a toujours raison. Au contraire. Il s'est tenu debout, il a avoué sa faute et a demandé pardon. Qui peut aujourd'hui lui reprocher son erreur? Qui ne s'est jamais trompé?

Curieusement, cette saison, il y a déjà eu deux matchs parfaits dans le baseball majeur. Nommez-moi les deux lanceurs qui les ont réussis? Je parie que vous êtes plusieurs à ne pas savoir qu'il s'agit de Dallas Braden et de Roy Halladay. Quelque chose me dit, pourtant, que vous vous souviendrez longtemps du souriant Armando Galarraga. Et de Jim Joyce aussi. Car une seule chose est encore plus émouvante que la perfection: c'est l'imperfection. L'erreur qui fait ressortir le meilleur de l'humain.

Le 24 décembre 2006

NOËL COUCHÉ DANS LES MANTEAUX

Je suis dans une zone où je n'ai jamais été. Il est 3 h du matin. Je n'ai jamais vécu ça 3 h du matin. Debout, habillé, réveillé. C'est le gros party dans la maison. Papa, maman, ma sœur, mon frère, mes oncles, mes tantes, mes cousins et cousines sont tous là. En train de rire et de parler fort.

Je me suis éclipsé du salon pour aller faire pipi. C'est bizarre, dans le bain, il y a plein de bottes et de caoutchoucs. Mes oncles appellent ça des *chouclaques*. Ma mère dit qu'il faut dire caoutchoucs. Peu importe ce que c'est, je ne savais pas qu'on avait le droit de mettre ça dans le bain.

C'est vrai que le vestibule n'est pas grand. Et si on les avait alignés là, il y en aurait eu jusque dans la cuisine. J'approuve.

Je sors de la salle de bain. J'ai les yeux qui piquent. J'ouvre la porte de la chambre de mes parents, juste pour savoir pourquoi elle est fermée. *Wow*! Il y a une montagne de manteaux sur le lit. Le vison de ma tante Louise, le paletot de mon oncle André, le lynx de ma tante Pierrette, la canadienne de mon oncle Yvan, le coupe-vent du cousin Pierre, le foulard de tante Jacqueline… Et plein d'autres en dessous que je ne vois pas, de ceux et celles qui sont arrivés en premier. Des noirs, des rouges, des en poils de chameau, des en poils mauves. On se croirait dans une manufacture.

Je ne savais pas qu'on pouvait laisser son manteau sur le lit. Comme ça. À la traîne. C'est vrai que le placard est petit. Il ne reste plus d'autre endroit. Je sais que je ne suis pas vite, mais je finis par comprendre. J'approuve aussi.

J'ai envie de… Et pourquoi je me retiendrais? Je ferme doucement la porte de la chambre pour que personne ne me surprenne. Je prends mon élan. Et je saute dans la pile de manteaux. Quel amortissement! On est bien, là-dedans. Ça sent le parfum des tantes et l'après-rasage des oncles.

Vu de près, comme ça, je me croirais dans une meute de loups. De renards ou de chinchillas. Et s'ils reprenaient vie, tous ces petits animaux, ils me boufferaient vivant. Peut-être pas. Peut-être qu'ils me prendraient pour un des leurs. Je me colle sur le vison. Comme si j'étais son petit. Et je ferme les yeux. Mes cadeaux peuvent attendre. Je suis bien, ici.

J'entends les grands de l'autre côté du mur. Parler de leur nouvelle voiture, des prouesses de Jean Béliveau et des *folleries* de Jean Drapeau. Je devrais aller les rejoindre, mais je suis bien, dans leurs manteaux. Il y a moins de fumée que dans le salon. Et les fourrures amortissent le son des verres et des éclats de voix. Ça devient presque comme un doux ronron. Un rigodon transformé en berceuse. C'est rassurant.

Rassurant de savoir qu'ils sont juste là à côté. Que rien ne peut m'arriver. Même s'il y a juste une petite lampe d'allumée dans la chambre. La noirceur ne me fait pas peur.

Je regarde autour de moi. Et j'ai la drôle d'impression que je vais me rappeler ce moment-là, quand je serai grand, quand je serai de l'autre côté du mur. Je me sens comme dans un souvenir. Comme si le présent était décalé. Comme si, entre ma tête et mon cœur, il y avait un délai. Comme si mon cœur était en avance et savait déjà que je suis dans le passé.

Un peu plus et je serais en train de vivre une expérience extrasensorielle, un voyage astral dans une galaxie de manteaux. J'ai dû boire trop de Coke.

C'est difficile à expliquer à mon âge, mais je sens que le temps est en train de passer. Durant une journée normale, on vit et les heures ne servent que de repères à nos activités. Se lever, manger, se coucher. Toujours la même routine.

Mais à Noël, plus rien n'est pareil. Il y a plein de monde dans la maison. Il y a des bottes dans le bain, des manteaux sur le lit. Et on reste debout toute la nuit. Tout le monde danse, tout le monde tourne, mais arrive un moment où ce n'est pas le temps qui s'arrête, c'est nous. Et on voit le temps nous dépasser. C'est peut-être en sortant dehors pour déneiger l'auto, c'est peut-être en regardant les plus jeunes jouer avec leurs cadeaux, c'est peut-être en allant chercher de la bière dans le frigidaire. Mais pendant quelques secondes, on se voit en train de fêter Noël. Et on se sent tout petit, petit. Comme un enfant dans une mer de manteaux. Et on se dit que, bientôt, tout ça deviendra un souvenir. Et nous aussi.

Je me réveille. Je sens les bras de mon père me prendre le cou et les jambes. Il n'y a plus un seul manteau autour de moi. Toute la visite est partie sans que je m'en aperçoive. Comme par magie. Noël est fini. Je traverse la maison dans les bras de papa jusque dans ma chambre. Papa me dépose dans mon lit. Ma mère me borde.

Et je m'ennuie déjà de mon Noël couché dans les manteaux.

Joyeux Noël à tous ! Et un bien spécial à tous mes oncles, tantes et cousins, cousines qui portaient ces manteaux. Où que vous soyez maintenant, j'ai votre parfum dans ma mémoire et vos voix dans mon cœur.

L'ÉCONOMIE EST UNE FUMISTERIE

Est-ce que vous comprenez quelque chose à l'économie ? Oui ? Je ne vous crois pas. Je sais que les lecteurs de La Presse sont hautement scolarisés, mais ça ne fait rien, soyez francs, vous n'y comprenez rien. Et le ministre des Finances n'y comprend rien non plus. Et le premier ministre, encore moins. Pourquoi ? Parce qu'il n'y a rien à comprendre.

L'économie, c'est n'importe quoi. L'économie est une fumisterie. L'économie, c'est comme Call-TV. Ça remplit du temps. C'est vide de sens. Ça raconte tout et son contraire pendant qu'on se fait fourrer.

Le prix du pétrole monte. C'est effrayant pour l'économie. Le prix du pétrole baisse. C'est effrayant pour l'économie. Le prix du pétrole ne bouge pas. C'est effrayant pour l'économie. Ça va toujours mal. Aujourd'hui, on nous dit qu'avant ça allait bien, mais quand ça allait soi-disant bien avant, on nous disait que ça allait mal.

Quand ce n'est pas la récession, c'est l'inflation, quand ce n'est pas l'inflation, c'est la dette, quand ce n'est pas la dette, c'est encore la dette. Ça va toujours mal.

Wall Street a vécu l'une des pires journées de son histoire, cette semaine. Pourquoi? À cause de la Grèce. Comprenez-vous quelque chose à ça? Le cours du souvlaki est en baisse. La ruine perd de la valeur. Pourquoi ça déstabilise New York?

Je sais, c'est plus compliqué que ça. La faillite de la Grèce fragilise la monnaie européenne, l'euro. C'est pour ça que les pays riches de l'Europe comme l'Allemagne ont donné 1000 milliards à la Grèce pour la sortir du pétrin. Mille milliards! Mille Stades olympiques! Cent soixante-six échangeurs Turcot! Ça te rénove une acropole…

Qu'est-ce qu'on apprend aujourd'hui? Que l'Allemagne serait aussi au bord du gouffre? Donnes-tu 1000 milliards à ton voisin quand ça ne va pas bien? Comprenez-vous quelque chose? Sûrement pas. Qui va aider l'Allemagne? Le Liechtenstein?

Je sais, je vais recevoir plein de courriels de gens ferrés en économie qui vont tout m'expliquer avec des mots pas trop longs et des exemples simples pour aider le nul que je suis à piger les complexités économiques. C'est du baratin. Les experts ne comprennent rien, c'est juste qu'ils font semblant de comprendre. Les experts ne pouvaient pas prédire la crise. Les experts ne pouvaient pas prédire quand la crise allait finir. Et les experts ne savent pas si nous sommes encore en crise ou pas. Méchants experts!

C'est comme si Joël Bouchard ne savait pas non seulement qui allait gagner entre le Canadien et les Flyers de Philadelphie cet après-midi, mais qui avait gagné jeudi. Il serait encore en train d'analyser les chiffres. Montréal 5, Philadelphie 1. Est-ce que ça veut vraiment dire que Montréal a gagné? Pas nécessairement. Les chiffres peuvent cacher quelque chose. Mais quoi? Ça dépend de la réelle valeur du 1 de Philadelphie et du 5 de Montréal... Zzzzz...

Pensez-vous vraiment que le président du conseil italien, Silvio Berlusconi, entre deux fêtes d'anniversaire de ses maîtresses de 18 ans, a le temps de lire des traités pour se mettre au fait de l'économie mondiale? Ben non! Silvio, il sait comment faire du cash. C'est tout ce qui compte. Il s'en fout, de l'économie. Pourvu qu'il puisse flamber son cash. L'Italie est au bord du gouffre, il s'en fout, *la vita è bella*. Et une tournée de champagne. Quand y en a pus, y en a encore!

Allons dans le dictionnaire trouver la définition du mot économie: «Art d'administrer un bien par une gestion prudente et sage afin d'obtenir le meilleur rendement en utilisant les moindres ressources.»

C'est bien ce que je pensais.

C'est une vision de l'esprit. Le Canada est dans le rouge. Le Québec est dans le rouge. Montréal est dans le rouge. La gestion prudente et sage, mon œil!

L'économie est un bonhomme Sept-Heures. Ça permet à ceux qui font du cash de dire à ceux qui n'en font pas d'en faire moins parce que l'économie va mal. Ce n'est pas l'économie qui va mal, c'est le monde.

Où va l'argent? L'argent qu'on donne à l'impôt, à l'Afrique, à Haïti, à la Grèce, aux scouts, il va où? Il faudrait mettre un GPS sur nos billets de banque. Suivre chaque sou dépensé. J'ai l'impression que ça finirait toujours dans les mêmes poches. Dans les poches de monsieur Économie, qui sirote son drink dans sa piscine chauffée.

Vous pouvez multiplier les conférences, les sommets, les graphiques avec des flèches qui montent et descendent, dire que l'indice Dow Jones a perdu 15 points et que l'indice Earl Jones a gagné 8 points, vous ramez, comme la fille de Call-TV. Pendant ce temps-là, elle ne prend pas d'appel. Pendant ce temps-là, le problème ne se règle pas. Pendant ce temps-là, le cash s'accumule au même endroit.

Peut-être que l'hégémonie de l'économie sur tout, sa préséance dans tous les domaines a fait son temps. Il faudrait parler moins d'économie et plus de la vie. Moins de chiffres et plus de noms. Pierre, John, Dimitri, Vladimir, Marcello, Mohammed, vous et moi.

Et si notre valeur ne se mesurait pas en argent ?

LES TASSES DE THÉ

C'est le dimanche de la fête des mères 1970. On fête maman, ou plutôt maman se fête. Elle a tout fait le repas, de l'entrée jusqu'au dessert. Et nous l'a servi, comme elle nous le sert tout le temps, jours ordinaires ou jours anniversaires.

Elle arrive avec le gâteau qu'elle place devant elle. Nous, on a juste à chanter bonne fête maman. Ma mère souffle la chandelle et mon père s'allume une cigarette, en disant : Je prendrais bien un café…

Ma mère se lève pour faire bouillir de l'eau, puis elle s'approche de l'armoire vitrée au bout de la table : Quelqu'un veut du thé ? Mes tantes disent oui, ma sœur aussi. Et moi de même. Normalement, je bois du lait. Sauf les soirs de fête, parce que les soirs de fête, on a droit aux tasses spéciales.

Dans l'armoire vitrée, il y a le trésor de ma mère : ses tasses de fantaisie.

Elle a reçu la première de mon oncle André et de ma tante Louise, lors de ses fiançailles avec mon père. Puis ses amies lui ont donné les autres, en cadeau de mariage. Il y en a une bonne douzaine. Des tasses en porcelaine anglaise, ornées de motifs de fleurs, venant de chez Birk's. Tout ce qui est doré sur la tasse est en fines feuilles d'or, parole de maman.

Elles ne valent pas une fortune. Loin de là. Elles valent mieux que ça. Elles valent l'attention qu'on leur porte. Parce que ma mère les trouve belles.

D'habitude, elles sont si précieuses qu'elles servent de décorations.

Mais ce soir, on peut boire dans les décorations. *Wow*! J'ai ma préférée, c'est celle avec une grosse rose dessus, et tout plein d'or autour. Le thé qu'on y verse est le même que les jours gris, sauf qu'on dirait qu'il goûte meilleur. Il faut le boire avec délicatesse, en tenant la tasse par l'anse élégamment. Ma mère m'a montré comment.

Mon père est déjà en train de faire la vaisselle. On n'a pas fini notre dernière gorgée, qu'il nous ravit notre tasse. Ma mère s'interpose: Laisse Bertrand, je vais les laver moi-même, plus tard. Elle ne veut pas qu'il les brise. Mon père n'est pas très délicat. Il est plus plastique que porcelaine.

Ma mère en a pris grand soin de ses tasses. Pas autant que de nous, mais presque. Elles ont traversé le temps.

Il y a huit ans, quand j'ai présenté ma Marie-Pier à ma mère, c'était un soir de mars frisquet, comme tous les autres. Il n'y avait que ma sœur, ma mère et nous deux, autour de la grande table, mon frère faisant médecin au Nouveau-Brunswick et mon père fumant au ciel. À la fin du repas, ma mère s'est levée et a dit à ma blonde : Je suis tellement contente de te connaître, je vais sortir mes belles tasses. . Et soudain, ce fut la fête.

Ces petites tasses qu'on dirait sorties d'un service de poupées, c'est la Coupe Stanley à ma mère. Le symbole de toutes les fêtes réussies, vécues chez nous, dans la maison familiale. Ç'avait beau être Noël, les Rois, la St-Valentin, Pâques, l'Ascension, la fête des mères, la fête des pères la St-Jean, la fête du travail, l'Action de grâce, la Sainte-Catherine, la fête des parents, la fête des enfants, la fête des amis des enfants, la fête des blondes et des chums des enfants, la fête des enfants des enfants, c'était toujours ma mère qui recevait. On n'allait jamais au restaurant. C'était toujours à la maison. Des plats faits avec amour, ça ne se trouve pas ailleurs. Parce que c'est là qu'il est l'amour. Ma mère passait ses journées à tout préparer, à tout cuisiner, à tout installer. Et ses soirées à tout servir, à tout ramasser.

Ne la plaignez pas, ça lui manque tellement.

Aujourd'hui, ma mère n'a plus la force de recevoir. Elle va avoir 90 ans dans deux semaines. Elle fait sa dialyse rénale 4 fois par jour à domicile. Les fêtes, c'est ma sœur, ma belle-sœur et ma blonde qui s'en occupent. Le mâle dans ma famille n'est pas très Louis-François Marcotte. La seule sortie de ma mère, c'est venir chez moi, célébrer de temps en temps.

Elle est venue il y a quelques semaines, lors de l'anniversaire de Marie-Pier. Elle lui a donné, en cadeau, quatre tasses de sa collection. Pas des répliques. Les vraies. Celles de mon enfance. Dont la grosse rose bordée d'or. Ma blonde a fait installer dans la salle à manger une toute petite armoire vitrée pour les mettre. Pour que ces tasses décorent les petits jours et abreuvent les grands soirs.

Demain, ma mère vient se faire fêter. Marie-Pier va tout préparer. Et au dessert, c'est certain, on va boire notre thé dans les tasses en porcelaine anglaise. Et on trinquera à tous les repas que ma mère a servis. Jours de fête et jours d'ouvrage. Avec ou sans les feuilles d'or, le temps les a tous rendus spéciaux. Parce qu'ils ne reviendront jamais.

Bonne Fête des Mères à toutes les mamans!

LE VIEUX STÉRÉO

C'est mon endroit préféré dans la maison. Au fond du salon, au bout du sofa vert de mon père, il y a un meuble magique. Un beau meuble en beau bois. Les grands appellent ça un stéréo. Il est défendu aux enfants de jouer avec. Ce qui le rend, bien sûr, encore plus attrayant.

Les portes ne sont pas faciles à ouvrir pour mes petites mains de gamin de cinq ans. Mais en tirant la langue très fort, j'y arrive. Voilà, c'est fait!

À droite, on voit comme une sorte de cadran. Quand on tourne le bouton, il s'allume. On voit des chiffres et on entend des sons. Quand on tourne l'autre bouton, une ligne se déplace vis-à-vis des chiffres et fait changer les sons. Des fois, on entend de la musique, des fois on entend des gens parler. C'est la radio.

À gauche, c'est encore plus merveilleux. C'est une table qui tourne. On met un disque dessus et, quand on appuie sur un bouton, un bras se lève, se pose sur le disque et fait jouer des chansons.

En dessous du tourne-disque, il y a tous les albums de mes parents. Je n'ai pas le droit d'y toucher. Mais j'y touche quand même. C'est plus fort que moi.

Ma mère est au sous-sol en train de faire du ménage. Elle doit croire que je joue dans ma chambre. J'ai le temps.

Je sors tous les disques de leur pochette et je les étale sur le plancher. Il y en a de très épais. Ce sont des 78-tours. Il faut bouger la petite manette vers le haut pour les faire jouer. La table se met à tourner très vite, et on entend un monsieur chanter en anglais. C'est Bing Crosby. Ma mère l'aime bien. Moi, je ne comprends pas ce qu'il dit, alors je le laisse sur le plancher, avec Tommy Dorsey et Frank Sinatra.

Mon album préféré a une pochette noire. Il y a dessus la photo d'un monsieur habillé en automne. Il porte une chemise, une cravate, un veston, un foulard et un manteau. Derrière lui, il y a comme une roche. Et au-dessus de la photo, il y a son nom écrit en lettres attachées. Pas facile à lire, mais en tirant la langue très fort, j'y arrive aussi. Son nom, c'est Claude Léveillée.

Je sors le disque de sa pochette, mais je ne le mets pas sur le plancher. Non, je le mets sur la table tournante. En faisant attention. Je bouge la manette vers le bas pour que ça tourne au rythme de 33-tours. Et j'appuie sur le bouton. L'aiguille sillonne le vinyle. Je mets le volume au plus bas pour que ma mère n'entende pas ma désobéissance. Et je colle mon oreille sur le haut-parleur. Le monsieur bien habillé se met à parler :

« Y a pas tellement longtemps/Vous vous rappelez, au temps du guignol, de la dentelle ?/On se saoulait le dedans de pathétique/C'était la belle époque du piano nostalgique… »

Puis il se met à chanter: «Adieu rengaines qui nous suivaient la semaine/Et savaient nous réjouir quand nous vivions le pire…»

Je ne comprends pas tous les mots. «Pathétique, rengaine», c'est pas évident. Mais je comprends l'histoire. Parce qu'il la raconte dans ma langue, avec mon accent. Parce que c'est pour moi qu'il chante.

Dans la collection de mes parents, c'est le seul 33-tours d'un artiste canadien-français. Il y a bien deux 45-tours de Félix Leclerc: *Bozo* et *Moi, mes souliers*. Mais les 45-tours sont difficiles à faire jouer. Il faut ajouter un machin au milieu, sinon le disque tourne tout croche. Et puis les 45-tours ne durent pas assez longtemps. Tandis que, sur un 33-tours, il y a plein de chansons à écouter avant de devoir le retourner.

Après *Les vieux pianos*, c'est *Le rendez-vous*, puis *Emmène-moi au bout du monde*… J'ai le temps de devenir triste. Oui, triste. C'est ce que cet album m'apprend, la tristesse. C'est un sentiment doux, la tristesse. Doux comme ma doudou, que je n'ai plus le droit de traîner partout. Quand j'écoute Claude Léveillée, ça me fait le même effet. La tristesse me calme, m'apaise, me berce. Beaucoup mieux que la joie. Claude Léveillée est un bonheur triste. Qui réveille le passé qu'on a en soi. Même à 5 ans, le passé est déjà grand.

«Sur un cheval blanc, je t'emmènerai…»

C'est à cause de cette chanson que je me fais toujours repérer. Elle joue plus fort que les autres. Ma mère arrive dans le salon:

« Stéphane, t'as pas encore sorti tous les disques de leur pochette ? Tu vas les briser ! Pis le stéréo, c'est pas un jouet ! C'est pour les adultes. Vas-tu finir par comprendre ? Va-t'en en punition dans ta chambre, tout de suite ! »

Penaud, le cou brisé, je marche jusqu'au fond de la maison. Puis je m'étends sur mon lit, en serrant ma doudou dans mes bras.

Ma mère ramasse les disques et les replace dans le meuble. Mais elle n'éteint pas la musique. Au contraire, elle monte le son. Ma mère aussi aime Claude Léveillée. Ma mère aussi a souvent le goût de s'enrouler dans un peu de tristesse.

Pendant que je purge ma punition, j'entends *Chanson vieillotte*, *Arthur*, *Les après-midi d'hier*…

Et ma punition devient une récompense qui prolonge le plaisir d'être triste.

Dès mon plus jeune âge, Claude Léveillée m'aura appris à être triste. C'est important de savoir être triste. On l'est si souvent dans la vie. Il faut comprendre que la tristesse n'est pas méchante. Qu'elle est aidante. Que c'est à ses côtés qu'on finit par trouver ce qui nous manque.

Merci, monsieur Léveillée ! Votre absence me rend triste. Mais grâce à votre musique, je sais que, pour grandir, un cœur a besoin d'être triste. Un cœur a besoin des absents. Un cœur a besoin de vous.

LA SYRIE ET NOUS

Si vous voulez lire une chronique qui vous explique la situation en Syrie et ses répercussions planétaires, allez voir ailleurs. Il y a plein de journalistes compétents dans ce journal pour vous expliquer le tout.

Si vous voulez lire une chronique signée par quelqu'un qui se sent dépassé par l'actualité en Syrie et qui se demande ce qu'il peut faire face à tout ça, restez ici. Et cherchons ensemble.

On a de la misère à savoir ce qui se passe vraiment à l'hôtel de ville de Montréal, alors imaginez, savoir ce qui se passe vraiment en Syrie est une mission impossible. Mais ce n'est pas une raison pour ne pas essayer de l'accomplir. Au contraire. Ne serait-ce que pour élargir notre rayonnement de sensibilité à autrui.

L'humain est avant tout sensible à lui-même. Une tape, une parole, un regard, tout ce qui vise notre petite personne nous atteint. Nos journées sont remplies de petites joies et de petits drames quotidiens qui font la manchette de nos journaux personnels. Ce que les autres nous font ou ne nous font pas occupe la grande majorité de nos pensées.

L'humain est aussi sensible à ses proches. Ce qui arrive à notre blonde, notre chum, nos enfants, nos parents, nos amis nous bouleverse nous aussi. On peut être heureux ou malheureux pour eux. On peut se mettre à leur place et ressentir leur douleur ou leur bonheur. La majorité des gens sont ainsi.

L'humain est aussi sensible à sa communauté. La tragédie de Lac-Mégantic en est la plus belle preuve. On s'est senti concerné, interpellé par ce qui arrivait là-bas. On avait beau ne pas connaître personnellement les individus frappés par ce terrible coup du destin, on pleurait avec eux, on rageait avec eux. On appelle ça la solidarité. Et l'humain est beau quand il en fait preuve.

L'humain n'est pas sensible à ce qui se passe loin de chez lui. À ce qui ne risque pas de l'atteindre. Notre rayon d'humanité se limite à notre territoire. Parfois des images de la souffrance d'âmes éloignées parviennent à faire craquer notre carapace. La famine en Afrique en 1985 y est parvenue. Mais cela a duré le temps d'une chanson. La famine en 1986, 1987, 1988, 1989, 1990, 1991, 1992 jusqu'à 2013 n'a empêché personne de manger.

Ce n'est pas de notre faute. La sensibilité aux gens au loin n'est pas dans nos gènes. Durant des siècles, on n'avait aucune idée de ce qui se passait ailleurs.

Aujourd'hui, nous sommes tous à portée de clic les uns des autres, mais la technologie n'a pas réussi à briser notre indifférence.

Bien sûr, la vue des victimes des armes chimiques en Syrie nous a horrifiés. Sur le coup. Mais après, nous sommes vite retournés à nos chicanes de clochers et de crucifix. Obama songe à attaquer la Syrie à cause de ce massacre, mais est-ce vraiment sa motivation? Si oui, pourquoi l'Amérique ne joue-t-elle pas aussi à Superman pour les milliers de victimes des despotes en Afrique? Parce que l'humain américain est plus sensible au sort des gens habitant un pays pétrolier. Il y va aussi de son intérêt économique. On se sert de la détresse des êtres pour sauver de l'argent.

On ne s'en sort pas: loin des yeux, loin du cœur. À moins que ça affecte notre poche.

Comment faire pour que chacun de nous soit plus préoccupé par la scène internationale, pas juste les puissants? Je sais, on en a déjà assez avec nos problèmes, a-t-on vraiment besoin de se rajouter les problèmes d'inconnus hors de notre radar émotif? Et si c'était justement ça, la solution? Quand on essaie de régler les problèmes gigantesques des autres, les nôtres deviennent tellement futiles qu'ils disparaissent. Parlez-en à tous ceux qui ont aidé les citoyens de Lac-Mégantic. On ne se sent jamais aussi bien que lorsque l'on fait du bien.

La première chose qu'on peut faire pour aider la Syrie, c'est de s'y intéresser. Tout commence par là. Des fous profitent du désintérêt général pour faire subir les pires sévices à une population. L'intérêt de milliards d'autres personnes est le meilleur soutien.

Je précise : il faut s'y intéresser pour les bonnes raisons. Pas parce que le désordre risque de faire monter le prix de l'essence à la station-service au coin de la rue, mais parce que le désordre ajoute au malheur global de l'humanité. Un magma infini responsable de tellement de morts, de blessés et de brisés. Un magma qui finira bien par nous rouler dessus, un de ces jours. À moins qu'on s'en occupe.

C'est la connaissance de la totalité du monde qui nous entoure qui nous sensibilisera. Et de cette sensibilité naîtra un début de solution. L'homme est ainsi fait, c'est en mode survie qu'il accomplit les bonnes actions. Quand ce qui se passe en Syrie, en Afrique, en Corée nous minera vraiment, nous trouverons une façon de nous guérir, de les guérir.

Sur ce, allons dévorer tous les articles traitant de l'actualité planétaire, parcourons notre tablette, relions-nous à l'humanité avant de perdre la nôtre.

UN NOIR À LA MAISON-BLANCHE

1619. Les premiers Africains arrivent dans les colonies anglaises d'Amérique. Ils ont été déportés de force de leurs villages. Ils deviennent esclaves dans des plantations de canne à sucre, de tabac ou de riz. Ils n'ont aucun droit.

Extrait de la Constitution de la Caroline : « Tout homme libre de Caroline aura pouvoir absolu et autorité sur ses esclaves noirs… »

1776. Les États-Unis deviennent indépendants. Mais pas les Noirs. Dans les États du Nord, ils sont juridiquement libres, mais la loi ne les protège pas et la société les condamne à la pauvreté. Dans les États du Sud, c'est l'âge d'or de l'esclavage. Il permet aux grands propriétaires de faire fortune, alors on ne s'en prive pas. Ces propriétaires calculent leur nombre de suffrages selon cette équation : un Noir égale trois cinquièmes d'un Blanc.

Les immigrés arrivés librement en Amérique ont inventé l'*American Dream*. Les Noirs, arrivés attachés, muselés, contre leur gré en Amérique, n'ont pas le droit de rêver. Pour eux, c'est l'*American Nightmare*. Et il va durer longtemps. Encore plus longtemps que les lois et les vœux pieux.

Tous ces hommes et toutes ces femmes humiliés, battus, tués, uniquement parce que la pigmentation de leur peau n'est pas la même que celle des Blancs, c'est de la folie. L'humanité est un malade mental.

1865. À la suite de la guerre de Sécession et de la victoire des États du Nord sur ceux du Sud, l'esclavage est aboli. Mais pas la ségrégation. Le Ku Klux Klan installe un régime de terreur pour dissuader les Noirs de profiter de leurs droits nouvellement acquis.

1896. La Cour suprême des États-Unis approuve les établissements publics séparés pour les Noirs. Il y a des commerces, des bars, des hôtels interdits aux Noirs. Il y a l'Amérique des Blancs et celle des Noirs. Et les Noirs seront constamment diminués, rejetés, privés. Durant des décennies et des décennies.

1955. Rosa Parks refuse de donner sa place à un Blanc dans l'autobus. Elle est arrêtée! Pas en 1655. En 1955! Mon frère était né. Bill Hailey chantait *Rock Around the Clock*. Et une dame de 42 ans se faisait arrêter parce qu'elle ne voulait pas donner son siège à un Blanc dans l'autobus! Pas dans l'Allemagne nazie. Aux États-Unis. La plus grande démocratie du monde. Le courage de Mme Parks entraîne des soulèvements qui ébranlent tout le pays.

1957. L'armée fédérale doit protéger l'entrée d'enfants noirs à l'école de Little Rock, en Arkansas. On ne peut plus séparer enfants blancs et enfants noirs. Et certains parents blancs sont outrés, révoltés et violents. Les lois changent, mais les préjugés demeurent.

Il faudra des années de combat par les mouvements noirs pacifistes et radicaux pour que la ségrégation cesse. Malgré les violences, malgré les sacrifices, malgré le rêve de Luther King, le racisme, lui, n'a jamais cessé. Mais les Noirs ont maintenant les mêmes droits que les Blancs. Et les mêmes espoirs.

Aujourd'hui, 53 ans après Rosa Parks, un président blanc va peut-être céder sa place à la Maison-Blanche à un président noir. D'une place dans l'autobus à une place dans la voiture du président, c'est le chemin qu'aura parcouru l'Amérique, le temps qu'un enfant devienne quinquagénaire.

Si Barack Obama est élu président des États-Unis, mardi soir, ce ne sera pas seulement la victoire des démocrates. Ce sera la victoire de la liberté, de l'égalité et de la fraternité sur l'Histoire. Une des trop rares victoires de l'amour sur la haine. Quatre cents ans de racisme seront vaincus.

Comprenons-nous bien, les Américains ne doivent pas voter pour Obama parce qu'il est noir. Mais ils ne doivent pas non plus voter contre lui parce qu'il l'est. Comme ils ont trop souvent refusé l'accès au pouvoir, à l'école ou au water-closet à des hommes simplement parce qu'ils étaient noirs.

Ils doivent voter pour lui s'ils croient qu'il est le meilleur des deux candidats. Sans que la couleur de sa peau vienne fausser leur jugement. Parce que le meilleur peut être Noir. Comme il peut être rouge ou jaune. Parce que le Blanc n'est pas meilleur que les autres par sa naissance, par sa peau. Nous sommes tous pareils et différents. Et chaque être humain doit avoir la chance de prouver ce qu'il vaut. Sans être brimé. Il aura fallu 400 ans pour comprendre ça.

Un Noir responsable de la planète ? Il y a des despotes et des führers qui vont se retourner dans leur tombe.

La seconde révolution américaine débute mardi, si son peuple le veut bien.

Vive l'Amérique libre !

Et que vienne le jour où l'apparence physique ne sera même plus un sujet. Et où nous ne parlerons des humains qu'en fonction de leur esprit et de leur âme.

Dans 400 ans ? Peut-être…

LE MAIRE TREMBLAY DANS MON SALON

Si je me souviens bien, ça s'est passé en décembre 2003, à moins que ce soit 2002. Déjà, je sonne comme un témoin de la commission Charbonneau. Ça doit être 2003.

La *gang* de l'émission *Infoman* était réunie chez nous pour le *party* de Noël. Soudain, ça sonne à la porte. Ah ben quin, le maire Tremblay! Chaque semaine, à l'époque, dans l'émission de Jean-René Dufort, le maire présentait une chronique sur l'art de faire le ménage.

On l'avait invité, mais on ne pensait pas qu'il viendrait. On ne pensait pas qu'il aurait le temps. Un maire doit s'occuper de tellement de dossiers!

Il a pris une flûte de mousseux avec nous. On a échangé nos vœux du temps des Fêtes, mais aucune enveloppe brune. Je vous le jure!

Dans un salon, en personne, le maire Gérald Tremblay a l'air de la même chose qu'à la télévision, en un peu plus grand et en un peu plus attachant. Il sourit tout le temps et ses yeux disparaissent dans son sourire. Il se laisse taquiner mais impose tout de même le respect. Le respect du bon monsieur. Le respect du notable.

Il a failli renverser son verre en le déposant sur une table. On s'est tous mis à rire. La maladresse est toujours sympathique. On ne se méfie pas de quelqu'un de maladroit. Le maire Tremblay a un côté Pierre Richard. Un grand blond avec un parti sournois.

En 2001, lors d'un débat contre Pierre Bourque, quand ce fut à son tour de parler, il n'a pas dit un mot durant 16 secondes, muet derrière son sourire de Charlie Brown. Il a perdu le débat mais remporté l'élection. On aime les Charlie Brown.

Je le regardais déambuler dans ma demeure, tendre la main à toute l'équipe, et il me faisait penser à quelqu'un. Qui, déjà?

J'ai cherché longtemps dans mes souvenirs avant de le trouver: le maire Tremblay ressemble à un des marguilliers de la paroisse de mon enfance.

Un marguillier, c'était un monsieur qui faisait la quête à la messe du dimanche.

On était tous assis dans nos bancs et lui se levait, l'air important, les cheveux bien peignés, le complet bien pressé. Dans le silence de l'église, on n'entendait que le pas de ses souliers vernis. Il allait chercher le panier d'osier à long manche et se promenait de rangée en rangée, en nous le plaçant sous le nez.

On y laissait tomber un billet de deux dollars tout plié, avec la face piteuse de la personne qui aurait bien aimé en donner plus. Le marguillier regardait ailleurs, pour ne pas nous gêner.

On lui faisait confiance. On était certain qu'il ne mettrait pas notre vieux deux dans ses poches. Un monsieur si bien habillé ! Puis il allait déposer le butin devant l'autel, faisait une génuflexion et retournait s'asseoir, le visage solennel.

Voilà que l'on apprend que le marguillier aurait laissé des gens fouiller dans le panier, s'en mettre plein les poches, en regardant ailleurs, pour ne pas les gêner.

Voilà que l'on apprend que le règne du maire Tremblay aura été celui de la Corruption avec un grand C.

Étonnant ! Déstabilisant !

Le Watergate n'a surpris personne. Nixon avait la tête d'un bandit.

Mais le grand monsieur dans mon salon, avec sa tête d'enfant de chœur devenu marguillier, n'annonçait pas une magouille de cette ampleur.

Le maire Tremblay n'avait pas l'air du maire visionnaire qui allait faire de Montréal la métropole du nouveau siècle. Il avait simplement l'air d'un maire un peu pépère qui allait faire de Montréal une petite ville tranquille. Tranquille comme dans l'ancien temps, tranquille comme les honnêtes gens.

Oh boy !

Ce maire est une énigme.

Soit Gérald Tremblay est le plus grand acteur de la planète et il est, au fond, l'esprit perfide dirigeant ce grand système de corruption.

Soit il est le pion innocent dont tous se sont servis pour parvenir à leurs fins. Une chèvre, comme Pierre Richard.

Je préfère croire à la deuxième option.

Mais, dans les deux cas, le maire d'une ville ne doit pas être comme ça.

En 2003, le maire Tremblay faisait le ménage de sa maison d'Outremont pour ses chroniques à *Infoman*. Il aurait dû le faire à l'hôtel de ville.

Presque 10 ans plus tard, il est trop tard.

JOUER AVEC PAPA

Je lance la balle sur le mur de la voisine. Je l'attrape avec mon gant bleu comme Vida Blue. Et je la lance encore. Ça fait deux heures que je fais ça. J'imagine que je suis les A's d'Oakland. Même si je n'ai pas une grosse moustache, seulement un petit duvet. Le mur, c'est les Reds de Cincinnati. On est en Séries mondiales. C'est le septième match, neuvième manche, Johnny Bench au bâton. J'envoie une rapide. La balle frappe la gouttière et rebondit au-dessus de ma tête. Je saute comme Bert Campanaris. *Out!*

Mon père descend l'escalier de la galerie. C'est déjà l'heure de souper? Ah non, c'est vrai, faut pas que je lance la balle sur le mur de la voisine. Elle n'aime pas ça. Il va me dire d'arrêter. J'arrête avant.

«Veux-tu qu'on se lance la balle?»

Je regarde autour de moi. Personne. C'est bien à moi que papa parle.

«Ben... oui!»

Je lui lance la balle. Pas fort. Par en dessous. Comme je la lancerais à un petit enfant. Il l'attrape. Ça m'étonne.

Il me la renvoie. Pas fort lui non plus. Je l'attrape. Je la lui relance. Juste un petit peu plus fort. Il l'attrape encore. Et me la relance, un petit peu plus fort lui aussi. Je lui envoie une petite chandelle. Il l'attrape d'une main et me la lance. Ça paraît qu'on se lance pour la première fois. On s'apprivoise. On découvre nos limites.

Je lance, mais je ne suis pas tout à fait là. Je suis sous le choc. Je me demande ce qui se passe. Mon père est dans la ruelle, en chemise blanche et en cravate, avec ses souliers vernis, et il se *pitche* avec moi. C'est irréel. Mon père n'est jamais venu jouer dans la ruelle. Ni au base-ball, ni au foot, ni au hockey. Quand mon père vient dans la ruelle, c'est pour laver sa voiture en fumant une cigarette. Qu'est-ce qui se passe?

Pendant que je me demande ça, je manque la balle. Elle roule jusque dans la rue, en dessous d'une auto. Je cours pour aller la chercher. Elle est de l'autre côté du pneu. Mes bras ne sont pas assez longs.

« Laisse faire », dit mon père. Il s'allonge à côté de moi, son beau pantalon frotte le trottoir. Il s'étire un peu et récupère l'objet.

Je me sens un peu mal pour lui:

« On peut arrêter, si tu veux…

— Es-tu fatigué?

— Ben non. »

Il me lance la balle. Et on continue à jouer. Mais peut-on appeler ça jouer? Mon père lance la balle comme il fait un rapport d'impôt. Sérieux, appliqué, rigoureux. En silence. Parfois, quand je réussis un vol au sol, il me dit: «C'est beau!» Je suis content. Mais on ne s'amuse pas vraiment. On lance une balle, tout simplement.

Ça, c'est maman, c'est sûr! Mon frère est parti en vacances avec la famille de sa blonde, ma sœur danse le ballet à Winnipeg, les voisins sont à leur chalet, la ruelle est dépeuplée, je suis tout seul et c'est l'été. Elle a dû dire à mon père: «Quand tu reviens du bureau, essaie de jouer un peu avec ton gars.» Alors, il se force. Parce que ça lui fait quelque chose à lui aussi que je sois tout seul. Mais ça ne le fait pas *tripper* de se dégourdir le bras. Des plans pour lui barrer le dos. Pauvre papa! Je le trouve gentil de penser à moi. Mais comment dire… C'est *plate*, jouer avec lui. J'aime bien mieux le savoir assis sur la galerie, à fumer et à lire son journal pendant que je suis dans mes Séries mondiales. C'est ça, notre façon de jouer ensemble: moi dans mon monde, et lui pas loin. Comme ça, je sais que rien ne peut m'arriver. Que je peux m'abandonner à mes rêves. Quelqu'un veille à ma réalité.

Papa me lance ma balle. Je l'attrape. Et je la garde:

«Ouf! C'était le fun! Je pense que je vais aller boire un jus. Je savais pas que tu étais aussi bon au baseball. Un vrai athlète!»

Mon père sourit en sortant son paquet de Matinée. Je monte l'escalier et cours dans la cuisine me verser ma limonade. Ma mère me demande:

«T'as déjà fini de jouer avec ton père?

— Oui, c'était *cool*. Mais j'aime ça aussi quand papa est mon spectateur…»

Je pense que ma mère a compris. Je bois ma limonade et je retourne dehors. Je prends le cahier des Sports et je m'assois à côté de papa. Il sort son nez de l'éditorial :

« Veux-tu retourner te lancer ?

— Non, je veux lire… »

Je ne peux quand même pas lui dire que j'aime mieux jouer tout seul. Demain, tout reviendra à la normale. Maman ne lui rappellera pas qu'il faut qu'il joue avec son gars pendant que mon frère n'est pas là. Alors il s'allumera une clope et dépliera sa grosse *Presse*. Moi, je terminerai la dernière manche contre les Reds. Et c'est Pete Rose qui jouera avec moi.

Bonne fête à tous les papas ! Un petit conseil d'enfant en passant : pas besoin d'être tous les pères à la fois. Soyez-en seulement un, mais un bon. Mais un vrai. Soyez vous-même, mais soyez là.

Le 19 mai 2012

LA JEUNESSE EXPLIQUÉE AUX VIEUX

« On devient vieux quand les jeunes nous abandonnent. »
Marcel Pagnol

La crise que traverse le Québec est exceptionnelle, encore plus que la loi déposée jeudi, parce qu'elle touche à ce qu'un pays possède de plus précieux : sa jeunesse.

Voilà pourquoi il ne faut pas la gérer comme on gère Rambo.

Bien sûr, ce n'est pas toute la jeunesse du Québec qui est dans la rue. C'est 150 000 jeunes sur un million et demi. Mais 150 000 personnes, c'est quand même une grosse gang, surtout quand on pense que 50 individus, c'est assez, selon le projet de loi 78, pour mettre en danger la société. Et c'est sans compter tous les jeunes qui ne marchent pas, mais qui se cherchent eux aussi.

Quand la jeunesse se révolte, il faut savoir l'écouter. Il faut savoir l'apprivoiser.

Bien sûr, Léo, Martine et Gabriel n'ont pas toujours raison. Parfois, ils sont dans le champ, dans le beau champ, même. Mais ils y sont par principe, et pas par intérêt.

Ils n'y sont pas pour trouver du gaz de schiste, mais pour trouver la vérité. Et Dieu sait qu'il faut creuser.

Ils sont jeunes. C'est pourquoi on ne peut être contre eux, car ce serait être contre notre avenir. Ce serait être contre ce que nous avons fait de mieux : eux.

Si la jeunesse n'a pas toujours raison, la société qui la frappe a toujours tort.

Cette citation est de François Mitterrand. Il a fait cette déclaration à l'Assemblée nationale française en mai 1968. Elle n'a pas vieilli d'une seconde. Elle est toujours actuelle.

Un gouvernement a le devoir d'aimer sa jeunesse comme les parents ont le devoir d'aimer leurs enfants. Le pire est à craindre d'une jeunesse mal aimée.

Certains diront que la jeunesse québécoise est faite d'enfants-rois trop gâtés qui méritent la méthode forte.

Nos jeunes aiment le luxe, ont de mauvaises manières, se moquent de l'autorité et n'ont aucun respect pour l'âge. À notre époque, les enfants sont des tyrans.

Ce n'est pas un chroniqueur montréalais qui s'est exprimé de la sorte cette semaine ; c'est Socrate qui a dit cela, 450 ans avant Jésus-Christ. C'est pour dire…

C'est le propre des jeunes, depuis toujours, de tout vouloir. Et de déranger. Les cheveux gominés des années 50, les cheveux longs des années 60, les barbus à la Paul Piché des années 70 tapaient autant sur les nerfs des plus vieux que les petits poils hirsutes de Nadeau-Dubois irritent les bien rasés.

Si on pouvait recouvrer l'intransigeance de la jeunesse, ce dont on s'indignerait le plus, c'est de ce qu'on est devenu.

Celle-là, elle est d'André Gide. Dans le fossé entre jeunes et vieux, il y a beaucoup de cela. Comme si les plus âgés avaient oublié comment ils étaient à l'âge de Léo. Je suis assez vieux pour me souvenir d'un jeune député conservateur, mais fringant, aux cheveux bouclés comme Peter Pringle, qui disait parler au nom de la jeunesse. Aujourd'hui, il est premier ministre, responsable du dossier jeunesse, et il évite de rencontrer les leaders étudiants.

Père absent, négociation manquée.

Pourquoi? Parce que les trois intrépides jeunes gens sont trop impétueux? C'est leur nature. C'est leur âge. Faut les comprendre.

La plus inquiétante jeunesse est celle qui n'a pas d'opinions extrêmes.

Ces propos furent tenus par le comte de Chambord, qu'on peut difficilement assimiler à Amir Khadir puisqu'il fut prétendant à la couronne de France au milieu du 19ᵉ siècle. Cet homme avait comme dessein de s'asseoir sur le trône après la prise de la Bastille et, pourtant, il se méfiait d'un jeune qui n'était pas révolutionnaire. Notre politique manque dramatiquement de philosophes.

L'homme n'est pas fait pour vivre longtemps: l'expérience le corrompt. Le monde n'a besoin que de jeunesse et de poètes.

Encore là, vous serez surpris de savoir que cette citation ne provient point d'Ariane Moffatt, mais d'un auteur de droite né en 1884 : Jacques Chardonne.

Pour purifier ce monde corrompu, on a besoin de jeunes idéalistes. C'est le seul antidote possible. Faut pas les museler, faut les écouter. Et leur parler.

Les jeunes vont en bandes, les adultes en couples et les vieux, tout seuls (proverbe suédois).

Je ne sais pas quelles seront les conséquences de la loi spéciale, mais empêcher les jeunes de se rassembler, c'est comme empêcher Jean-François Brault de chanter avec Marie-Ève Janvier. C'est impossible. Et c'est surtout bien mal les connaître.

Chaque coup de colère est un coup de vieux, chaque sourire est un coup de jeune (proverbe chinois).

Je nous souhaite que les jeunes sachent répondre pacifiquement à la tournure des événements. Sinon, j'ai bien peur que le Québec prenne un méchant coup de vieux.

Question de garder espoir, je terminerai mon cours de jeunesse 101 avec la célèbre phrase de Picasso : « Il faut longtemps pour devenir jeune. »

Je nous souhaite à tous, carrés rouges, carrés verts, carrés blancs et carrés aux dattes, de l'être très bientôt.

La jeunesse et l'été vont si bien ensemble.

LE GARS D'ORDINATEUR

Mon Mac est gelé. La petite boule de toutes les couleurs tourne et tourne pour me faire patienter. Je ne patiente pas du tout. La petite boule de toutes les couleurs est la vision qui me tape le plus sur les nerfs. Plus que Gomez, Harper et les pubs qu'il faut subir avant de regarder une vidéo sur le Net. Quand elle apparaît, le temps suspend son vol. J'arrête de respirer. Ma vie est à « pause », mon cerveau en panne. Habituellement, ça ne dure que quelques secondes, des secondes qui semblent des heures. Aujourd'hui, ça va faire 10 minutes qu'elle tourne—aussi bien dire 1000 ans.

Si mon ordinateur est capable de faire tourner une petite boule, pourquoi n'est-il pas capable de faire autre chose ? Y est gelé ou y est pas gelé ? Perds pas ton temps à faire virer une balle de clown et ouvre mon document ! Nous, les humains, quand on perd connaissance, on ne se met pas à faire bouger nos orteils pour faire patienter notre interlocuteur. Ah, les mystères de l'informatique !

Bon, je n'ai pas le choix, je vais appeler Daniel. Après ma blonde et ma famille, Daniel est l'être le plus essentiel à mon quotidien. C'est mon gars d'ordinateur:

«Je pense que t'es mieux de redémarrer.

— Je redémarre… Rien.

— Comment ça, rien?

— Ben: rien, même pas de pomme, juste un écran gris.

— Je m'en viens.»

Daniel a beau vivre de l'autre côté du pont, chaque fois que la situation l'exige, il vient au chevet de mon Mac Pro. Ce n'est pas seulement un gars de service, c'est un gars serviable.

Il arrive toujours de bonne humeur, toujours calme. Tout le contraire de moi. Quand il arrive, je suis toujours de mauvaise humeur et toujours nerveux. Le coma de mon ordi est un drame qui m'atteint profondément.

Un ordinateur, c'est une entreprise. On est tous le PDG d'un empire quand on a un ordi. Il y a à l'intérieur des centaines d'employés qui exécutent des milliers de tâches. Il y a des secrétaires, des recherchistes, des discothécaires, des projectionnistes, des mathématiciens, des imprimeurs, des correcteurs, des photographes, des puces à tout faire qui obéissent au doigt et à l'œil–surtout au doigt–à chacun de nos ordres. Soudain, ils débrayent tous en même temps. Ils font la grève! C'est la catastrophe. On est démuni. Frustré.

Je voudrais que Daniel trouve le problème tout de suite. Et que tous mes employés retournent au travail. Parfois, cela arrive. Aujourd'hui, le conflit s'éternise. Ça fait une heure qu'il est là, et l'écran est toujours à plat.

Comme un médecin qui explique à son patient le traitement qu'il lui administre, Daniel m'explique chacun des gestes qu'il fait pour ressusciter mon Mac. C'est gentil, mais je m'en fous. Je veux juste que ça fonctionne. Il s'informe de moi aussi. Demande des nouvelles de Marie-Pier. C'est gentil, mais je ne réponds pas. Quand mon ordi est gelé, je le suis aussi.

Malgré ma désagréable compagnie, Daniel garde le sourire. Des ordinateurs et des clients boqués, il ne voit que ça. Il taponne sur son portable, vérifie mon filage, martèle mon clavier. Un ordinateur, ça ne l'intimide pas. C'est comme une vache pour nos grands-pères, il sait comment ça marche. À travers tout ça, il lance quelques calembours. Daniel aime bien les calembours. Moi, je ne ris pas, je suis toujours gelé.

Finalement, il redémarre mon engin en mode espion, tape un message codé qui se termine par «reboot», redémarre encore, et tout réapparaît comme par magie. Je me rallume aussi. Mon Mac n'est plus un citron, il est redevenu une pomme.

Je retrouve le sourire et mon entregent. On parle de nos proches et de l'actualité. On badine.

Dans les minutes qui suivent, Daniel est mon héros. Il va le rester jusqu'à ce que mon imprimante cesse d'imprimer, que mon scanneur cesse de scanner ou qu'une application cesse de s'appliquer. Alors, il redeviendra le grand responsable. Car pour moi, Daniel est le prolongement de mon Mac, le génie à l'intérieur de la lampe. Quand ça va bien, c'est grâce à lui. Quand ça va mal, c'est à cause de lui.

Je suis chanceux de l'avoir. Un gars d'ordi fiable et dévoué, ça vaut des gigabits! J'en ai déjà eu un qui était plus du genre entrepreneur en construction. Il y avait toujours des extras. L'ignorance rend vulnérable, et les gars d'ordi en savent plus que nous sur une machine qui nous appartient. Comme les garagistes, ils ont toujours le dernier mot. Et certains en profitent.

Il devrait y avoir des boules de toutes les couleurs qui tournent sur le front des gars d'ordi qui essaient de nous en passer des petites vite.

Jeunesse, si vous vous cherchez une carrière, gars d'ordi est un bon choix. On n'est pas près de pouvoir s'en passer. Et pour vous former, je vous présenterai mon ami Daniel. C'est un bon exemple.

Sur ce, je vous zxwrwd… C'est quoi, ça? *Phoque*! Mon Word qui capote! Maudit Daniel, comment ça se fait qu'il n'a pas vu venir ça? Excusez-moi, faut que je l'appelle…

HANDICAPÉ

Handicapé. C'est un mot que je n'ai jamais accepté. C'est un mot qui m'a toujours fait mal, qui m'a toujours fermé. Pourtant, quand les gens me croisent dans la rue, c'est sûrement le premier mot qui leur vient en tête. Sans méchanceté. Tout simplement parce que, pour eux, c'est ce que je suis. Une personne qui a de la misère à marcher. Une personne en fauteuil roulant. Une personne handicapée. Je m'en fous. J'ai toujours refusé de me nommer ainsi. Pourquoi réduire une personne à ce qu'elle ne peut accomplir, alors qu'il y a tant de choses qu'elle peut faire?

Le corps humain est bien fait. Nos yeux sont tournés vers les autres, pas vers nous. Si bien que mon handicap, je suis la personne qui le voit le moins. Bien sûr, parfois il m'arrête, il me bloque. Et ce n'est que dans ces moments que je me sens limité. Le reste du temps, je me prends pour Superman, comme vous tous.

Je hais tellement le mot handicapé que, sur ma voiture, il n'y a pas de vignette de handicapé. Et je paie l'amende quand je me gare dans les endroits réservés.

Petit, j'ai décidé que je n'allais pas laisser ce mot m'isoler, m'embarrer. Ma mère a convaincu la directrice de m'accepter à l'école des enfants normaux. Et j'ai fait ma place, avec les autres, comme les autres. Évidemment, j'étais le plus poche au ballon chasseur mais, au moins, j'étais. Et quand les enfants me demandaient ce que j'avais aux jambes, je répondais : des pantalons.

Je ne parlais jamais de mon handicap. Ni à ma famille, ni à mes amis, ni à mes blondes. À personne. Était-ce du déni? Peut-être, il y avait de ça. Pour moi, c'était la meilleure façon d'imposer tout ce que j'étais d'autre que cette erreur de la nature. C'était la meilleure façon de ne pas me laisser réduire à ça.

Savez-vous à qui j'ai parlé de mon handicap pour la première fois? C'est à vous, chers lecteurs. Parce que lorsqu'on a le privilège de chroniquer dans un journal, il faut écrire franc, il faut écrire net. Quand on a la prétention de révéler des vérités, il faut d'abord révéler la sienne. Même la partie qui ne nous plaît pas. J'ai brisé mon tabou comme on brise le silence. Pour me rapprocher de vous. Avec ma façon particulière d'avancer.

Je vous en remercie. Je crois qu'en me rapprochant de vous, je me suis rapproché de moi aussi.

Bien que j'aie traité de mon infirmité à quelques reprises dans ces pages, je n'en ai jamais parlé ailleurs, sauf à de très rares occasions. Seule l'écriture permet les nuances et les délicatesses nécessaires aux révélations de l'intime. Dans la vraie vie, je changeais de sujet parce que le mot handicapé sonnait toujours aussi dur à mon cœur. Et surtout, parce que je n'en avais pas besoin. Tout simplement.

Récemment, j'ai compris que les autres en avaient peut-être besoin. Je suis un magané chanceux. Je suis sorti pas si *poqué* que ça de mon accouchement difficile. J'ai eu des parents qui m'ont donné confiance en moi. Et j'ai rencontré des gens, tout au long de ma vie, qui m'ont permis de faire ce que j'aime. Toutes les personnes différentes ne sont pas aussi gâtées que moi.

Voilà pourquoi, avant Noël, lorsque l'Office des personnes handicapées m'a demandé de devenir porte-parole de la remise des prix À part entière, j'ai dit oui. Toute ma vie, j'ai fui le mot handicapé, et voilà que je vais devoir l'assumer. Ça vaut la peine. La cause est beaucoup plus importante que mon orgueil.

Le prix À part entière récompense les individus, les entreprises et les organismes qui font des gestes significatifs pour faire progresser la participation sociale des personnes handicapées. Parce que le miracle, il est là. Le principal handicap d'une personne handicapée, ce n'est pas de ne pas marcher, de ne pas voir, de ne pas entendre ou de ne pas parler, c'est de ne pas compter. Le besoin vital de tout être humain, c'est de donner un sens à son existence. Les personnes handicapées sont trop souvent laissées de côté. On oublie de les intégrer. Il ne faut pas seulement les aider, il faut leur permettre de nous aider. Car nous avons besoin d'elles. Car vous avez besoin de nous.

Plein de gens au Québec ont le souci de donner aux personnes handicapées la place qui leur revient. Il faut souligner leur effort en espérant que leur exemple en inspirera d'autres.

Handicapés ou pas, tous les êtres humains sont limités, mais ils doivent tous avoir la chance d'aller au bout de leurs limites.

Devenir porte-parole des prix À part entière me permet d'aller au bout d'une de mes limites. Celle que le mot handicapé dressait devant moi depuis toujours. Cette crainte d'être exclu par lui, d'être réduit par lui, en l'assumant, je l'ai vaincue.

Handicapé ou pas, on ne se sent vraiment bien que lorsqu'on aide les autres.

Merci à l'OPHQ de me permettre de me sentir comme ça.

Je vais essayer de bien faire ma job de porte-parole…

Vous avez jusqu'au 10 février pour vous inscrire pour le prix À part entière. Il y a 17 prix régionaux et un prix national. Un total de 27 000 $ sera distribué en bourses aux lauréats. Le formulaire d'inscription se trouve sur le site de l'OPHQ : www.ophq.gouv.qc.ca

LA SOCIÉTÉ DES INTIMIDÉS DISPARUS

Avant de m'apprendre l'alphabet ou la table de trois, l'école m'a appris que j'étais repoussant. Le taupin de la 1re année ne cessait de me pousser pour me faire tomber, ce qui faisait rire une bonne partie de la classe. Ce fut pour moi un choc. À la maison, j'étais tant aimé que je ne pouvais comprendre qu'à l'école, je sois aussi malmené.

Pourquoi moi? Pourquoi c'était moi qui subissais les humiliations de mes camarades et pas un autre? Ça devait être parce que j'étais moins bon que les autres. C'est cette constatation qui fait le plus mal. Beaucoup plus que les coups. Mais elle ne m'a pas hanté longtemps. J'ai vite compris que si la petite brute s'en prenait à moi, c'est juste parce que j'avais les jambes croches et que c'était facile de me faire tomber. Les petites brutes aiment la facilité. C'est pour ça qu'elles s'attaquent à ceux qui ont l'air les plus vulnérables. Ce n'est que ça qui détermine le choix des victimes. On s'attaque aux fragiles. Aux sensibles. Pas aux moins bons, juste aux moins solides. C'est la lâcheté des bourreaux. Heureusement pour moi, si mes jambes étaient faibles, mon caractère était fort. J'étais un faux fragile. Un résistant. Et quand l'intimidant a constaté qu'il avait beau m'accrocher les pieds, jamais il ne ferait tomber ma tête, il a abandonné.

Au fil des ans, il y en a d'autres qui se sont essayés. Étant un handicapé allant à l'école des enfants normaux, j'étais toujours le différent de la gang. Et la différence attire ceux qui ont un trop-plein de haine à expulser. Ces épisodes d'intimidation n'ont jamais duré longtemps. Mon imperturbabilité décourageait les plus acharnés. Je n'ai pas de mérite. C'est la nature qui m'a donné une tête de cochon!

Malheureusement, il y a plein d'enfants qui n'ont que des petits cœurs d'anges. Plein d'enfants que les agissements des persécuteurs minent, marquent et détruisent. À jamais.

Ce qui est paniquant quand on est victime de la méchanceté, c'est l'isolement. Il n'y a personne pour nous défendre. Chacun sauve sa peau. Quand je me faisais jeter à terre, il y avait les cons qui riaient, mais il y avait surtout les autres qui regardaient ailleurs. Ces autres qui avaient assez d'humanité pour réaliser que ce n'était pas correct, ce que faisait le terroriste en culottes courtes, mais pas assez de courage pour s'en mêler. Ils ne voulaient surtout pas être à ma place. Et en venant à ma rescousse, ils risquaient de l'être. Pourtant, s'ils étaient tous venus, la bonté aurait gagné. Mais la bonté est difficile à faire bouger. Alors, les pas fins en profitent.

Les plus faibles dans les histoires d'intimidation ne sont pas ceux que l'on pense. Ce ne sont pas ceux qui sont attaqués, ce sont tous ceux qui laissent faire, ce sont tous ceux qui laissent défaire.

Le principal rôle de l'école, ce n'est pas d'apprendre aux enfants le français, l'histoire, les mathématiques ou la chimie, c'est d'apprendre aux enfants à vivre ensemble. À peine sevré, on quitte sa famille pour passer ses journées avec des dizaines d'étrangers. Pouvez-vous nous montrer comment nous apprivoiser ? Apprenez-nous la responsabilité. Des actes que l'on fait. Et des actes que l'on ne fait pas. Il faut connaître les conséquences de nos coups, et les conséquences de notre indifférence.

Il faut se servir du français, de l'histoire, des mathématiques et de la chimie pour nous apprendre la connaissance de soi et la connaissance des autres.

Adulte, quand on est victime d'intimidation, on peut décider de quitter notre emploi, notre club de hockey ou notre mari. Enfant, quand on est victime d'intimidation, on ne peut pas décider de quitter l'école. L'école a le monopole de notre destin. Changer d'école ne change souvent pas grand-chose. Chaque école a son quota de gentils, de tièdes et de mauvais. On est pris dans le cul-de-sac du malheur. Et il n'y a qu'une façon de s'en échapper...

Voilà pourquoi l'école doit être le milieu le plus sain du monde. Voilà pourquoi l'école ne doit pas être un endroit où on apprend tout par cœur, mais tout avec le cœur. Nos enfants y abandonnent leur jeunesse, en échange, donnons-leur le meilleur de nous-mêmes.

Il faut créer la Société des intimidés disparus. À la mémoire des âmes fragiles qui n'ont pas su résister au climat hostile qui règne dans plusieurs des établissements scolaires. Il faut être attentif, prévenant et pacificateur. Il faut que cette société regroupe tous les profs, tous les élèves, tous les parents, tous les intervenants, tous ceux qui sont passés par là. Que ce soit la priorité numéro un. Que le plus important de tous les savoirs soit le savoir-vivre.

Bien sûr, il y aura encore des taupins. Bien sûr, il y aura encore des victimes. Mais s'il y en a seulement un peu moins, tous ces efforts ne seront pas vains.

Il aura fallu le suicide d'une enfant pour éveiller les consciences. Pourtant, ceux qui continuent de vivre malgré les blessures du rejet devraient aussi nous émouvoir.

Donnons leur raison d'avoir cru en la vie, d'avoir cru en eux, d'avoir cru en nous.

Arrêtons d'être complices par omission de tous les actes d'intimidation.

Pas besoin d'avoir les jambes *croches* pour avoir du mal à se tenir debout.

Que tout le monde se lève. Que tout le monde se tienne.

Je dis respect à tous les intimidés.

LA DICTATURE DE L'INSTANTANÉITÉ

Vous appelez votre chum sur son cellulaire. Il ne répond pas. Comment ça, il ne répond pas??? Où est-il? Le cellulaire est dans sa poche. Il ne peut pas être ailleurs que là où est sa poche. Un homme est toujours au même endroit que sa poche. Ça ne se passera pas comme ça! Quand on appelle quelqu'un sur son cellulaire, c'est parce qu'on veut lui parler tout de suite. Pas plus tard. Tout de suite. Vous l'appelez en rafale jusqu'à ce qu'il réponde.

Allô?

T'es où?

Peu importe qu'il soit en réunion avec Bill Gates, qu'un policier soit en train de lui donner une contravention ou qu'il assiste à un enterrement, ce n'est pas une bonne raison. Quand son cellulaire sonne, on répond. C'est le cellulaire qui a priorité sur toutes les activités.

Jadis, notre téléphone avait un fil et il était cloué sur le mur de la cuisine. Quand les gens n'arrivaient pas à nous joindre, ils comprenaient qu'on était ailleurs.

Aujourd'hui, peu importe où l'on est, on n'est jamais ailleurs. On est toujours au même endroit que son téléphone.

Le cellulaire est la laisse de l'homme moderne. Vous savez ces laisses à enrouleur pour les chiens, on croise d'abord le chien et un coin de rue plus tard, on croise le maître. Le chien a l'illusion de se promener tout seul, mais il suffit que le maître appuie sur le bouton et le chien n'a plus de jeu pour avancer. S'il essaie, il s'étrangle. Il n'a pas le choix d'arrêter. Même chose pour le cellulaire, quand le maître appuie sur le bouton, Fido répond.

Vous envoyez un texto à votre blonde : oublie pas le pain aux raisins. Elle revient de faire les courses, pas de pain aux raisins. T'as pas pris ton texto ? C'est inconcevable. Quand on envoie un texto à quelqu'un, ce n'est pas pour qu'il le lise quand il aura le temps au coin du feu. C'est pour qu'il le lise tout de suite. À l'instant même où il le reçoit. Le texto n'a pas de patience. Le texto est le message prioritaire.

Jadis, quand on voulait joindre quelqu'un rapidement, que ça pressait vraiment, on lui envoyait un télégramme. Il fallait le dicter à une dame au téléphone. En mettant des stops partout, pour que ça fasse plus important. Oublie pas. Stop. Pains aux raisins. Stop. La compagnie du télégramme allait le porter où était censé être le destinataire. Qu'il soit à l'hôtel, au restaurant ou l'hôpital. Si la personne concernée n'était pas où elle était censée être, ben le télégramme séchait, comme le pain aux raisins.

Terminée, l'époque des bouteilles à la mer, le texto trouve toujours son homme. Illico. Le courriel, lui, prend un peu plus de temps. Quoique… Vous envoyez un courriel à quelqu'un, si vous êtes sans réponse après un quart d'heure, vous commencez à fatiguer. Surtout si votre destinataire a le malheur d'avoir un BlackBerry ou un iPhone, car vous savez que votre courriel, il l'a reçu à l'instant où vous l'avez envoyé. Après une heure sans signe de sa part, vous vous dites que cette personne n'est pas efficace. Après trois heures, vous la trouvez impolie. Après huit heures, c'est la pire des égoïstes. Après douze heures, c'est fini, vous ne voulez plus rien savoir d'elle.

Jadis, le courriel s'écrivait avec un r à la fin. C'était du courrier. On écrivait sa lettre, on la glissait dans une enveloppe, on léchait le timbre et on l'envoyait par la poste. Le correspondant la recevait trois jours plus tard, si on était chanceux et s'il n'habitait pas loin. Puis, il nous répondait en faisant le même manège. Quand arrivait sa réponse, on était tout énervé, c'était un événement. On s'ouvrait une bouteille de porto, on s'allumait un cigare et on lisait sa lettre en écoutant du Mozart. Aujourd'hui, on reçoit 100 courriels à l'heure, en écoutant du Justin Bieber.

Vous passez votre journée à répondre au cellulaire, aux texto, aux courriels. Quand vous avez deux minutes d'accalmie, une fenêtre Facebook «pope» sur votre écran. C'est la photo du boutonneux de l'école primaire qui apparaît.

Allô ça va? Allô? Pourquoi tu réponds pas? Réponds! Il y a un point vert à côté de ta face, je sais que tu es là!

C'est ça le problème avec l'homme moderne. On sait qu'il est là. Il est à côté de son cellulaire, devant ses texto, ses courriels, son Facebook. On a accès à lui instantanément. Alors, il est mieux de nous répondre instantanément, sinon *qu'ossa* donne tous ces machins? C'est la dictature de l'instantanéité.

Jadis, on se plaignait parce que les témoins de Jéhovah venaient cogner à notre porte à l'improviste. Voilà que le progrès technologique a transformé tous nos amis, connaissances et étrangers en témoins de Jéhovah qui demandent à échanger avec nous à tout moment, sur toutes les plates-formes. Maintenant, l'improviste, c'est tout le temps.

Il faut se révolter et mettre fin à cette dictature. Êtes-vous d'accord avec moi?

Pourquoi vous ne m'avez pas encore répondu? Je le sais que vous êtes là. Je le sais que vous êtes en train de lire cette chronique. Mon adresse courriel est stephane@stephanelaporte.com, mon adresse Twitter est @laportestephane, mon Facebook est www.facebook.com/stephlaporte. Vous n'avez pas d'excuses. Vite, dépêchez-vous de dénoncer l'instantanéité! Je n'aime pas attendre.

UN DIMANCHE DE PRINTEMPS SUR LA PLACE TIANANMEN

Nous sommes entrés dans la Cité interdite par la porte du Génie militaire. Nous avons traversé le palais de la Tranquillité terrestre, le palais de la Pureté céleste, le palais de l'Harmonie préservée, le palais de l'Harmonie du Milieu et le palais de l'Harmonie suprême. C'est le festival du palais. Avant de ressortir par la porte de la Paix céleste et d'arriver en plein sur la place Tiananmen.

Après avoir contemplé la grandeur de la Chine impériale des dynasties Ming et Qing, nous voilà au cœur de la Chine d'aujourd'hui. De la Chine de Hu Jintao. On est un peu craintifs. Il y a des militaires partout. Qui marchent au pas. Ou qui restent au garde-à-vous. Et Jean-François a sa grosse caméra HD. Pas une caméra de touriste, une vraie. Une pro. On tourne des images pour un documentaire sur la tournée mondiale de Céline Dion. Elle n'a pas fait de spectacle à Pékin, mais elle est venue hier enregistrer une émission de télé. On vient faire du matériel complémentaire. Chercher un peu d'ambiance. Montrer où l'on est.

Et on va faire ça vite, car ça ne prendra pas 15 minutes que quelqu'un va sûrement venir nous dire de nous en aller. Surtout que nous sommes facilement repérables. D'abord, nous sommes blancs. Très blancs. Presque *off white*. Et Daniel, le preneur de son, déambule avec une perche longue de 10 pieds avec une grosse moumoute au bout. Ça attire l'attention. Quoique, le maire Bourque venant souvent en Chine, des moumoutes, ils en ont déjà vu! JF tourne un plan de l'immense portrait de Mao sur la porte de la Paix céleste. Puis des plans du mausolée du Grand Timonier et du palais de l'Assemblée du peuple.

On court. On se dépêche. Il y a plein de monde. Mais pas autant que je l'aurais cru. C'est sûr que, si toute cette foule était rassemblée sur la place Jacques-Cartier, on serait à l'étroit. Mais la place Tiananmen est immense. Elle est capable d'en prendre. Même un dimanche de printemps.

Des images des grands drapeaux rouges et du monument aux Héros du peuple. Nous avons presque fini. Nous regardons derrière nous pour nous assurer qu'un tank n'est pas en route pour venir nous écraser.

Une fille s'approche de Marianne, l'assistante à la réalisation. Ça y est, nous sommes faits! Elle lui demande, en faisant des gestes, si son ami peut la photographier avec elle. Marianne ne comprend pas sur le coup. Pas grave. La Chinoise la prend par la taille et son ami prend la photo. Puis elle s'en retourne en riant.

Des touristes qui deviennent des attractions. C'est l'arroseur arrosé.

Les Chinois nous trouvent drôles. Une belle grande blonde comme Marianne, pour eux, c'est exotique. Tellement qu'ils veulent pouvoir montrer ça à leurs amis. Marianne se sent soudainement comme un panda.

Il faut se rendre à l'évidence, ça ne dérange personne qu'on tourne sur la place Tiananmen. Ni les policiers, ni les soldats. On aurait plus de problèmes à Time Square ou sur les Champs-Élysées. C'est ben pour dire… Voyager, c'est perdre ses préjugés. Nous nous prenions pour un commando en mission, les cinéastes de la liberté. Nous ne sommes que des Blancs très voyants. Des innocents en Chine.

Alors tant qu'à faire, on va tourner la cérémonie de la descente du drapeau. C'est au coucher du soleil, dans une heure environ. En attendant, on se promène.

C'est plaisant. Il y a des kiosques à souvenirs. Ma Marie-Pier achète des bracelets pour ses amis. Tout autour a beau être austère et militaire, on se croirait à une fête foraine. Sauf que les clowns et les manèges ne sont pas encore arrivés. Ils sont dans la tête des gens. Et ils vont sortir bientôt. Ça se sent.

Il y a quelque chose dans l'air. Pas juste la pollution. Impossible d'être ici sans penser à la fameuse scène des émeutes du printemps 1989 : le tank roulant sur l'étudiant. C'est le symbole de la répression. Pourtant, aujourd'hui, sur cette place militaire, on sent que quelque chose est en train de changer. Les jeunes ont de la confiance dans les yeux. Ils s'amusent, rigolent, s'embrassent, prennent en photo les blondes occidentales. Ils sont jeunes. Et les militaires ont l'air d'une autre époque. Tellement qu'ils ne font plus aussi peur. Dans cinq ans, dans dix ans, sur cette place Tiananmen, il y aura des tam-tams et on fera la fête. Et les militaires regarderont ça de loin. Comme les policiers devant le parc Jeanne-Mance.

En ce moment, on est comme dans un entre-deux. Bien sûr que le gouvernement chinois est totalitaire. Bien sûr que le gouvernement chinois ne respecte pas les droits de l'homme. Et qu'il se servira des jeux olympiques pour montrer sa puissance. Mais ces Jeux olympiques feront venir en Chine des gens de partout. Et ça va ouvrir les esprits. Que feu Mao le veuille ou non. S'il y a une chose dont le peuple chinois a souffert, c'est de l'isolement. L'isolement permet les crimes les plus odieux. La paix est une porte ouverte.

Rappelez-vous combien l'Expo 67 a changé notre perception du monde. De toute façon, jeux, pas jeux, la Chine se rapproche de nous et nous nous rapprochons d'elle. Le monde ne sera plus jamais pareil. Un milliard de personnes vont enfin exister pour nous. Et 5 milliards de personnes vont enfin exister pour eux.

Le soleil est rouge comme la Chine. Les soldats sont en train de descendre le drapeau. Jean-François a l'œil dans le viseur. Daniel tient sa perche bien haut. On entend comme une rumeur. Comme le bruit d'un mouvement irréversible. Le drapeau est plié. Quel drapeau flottera demain sur la Chine? Quel étudiant gouvernera ce pays dans 20 ans?

Il y a une force encore plus révolutionnaire que la manifestation. Il y a une force encore plus puissante que la répression. C'est la vie. Et sur la place Tiananmen, en ce dimanche d'avril, on vit.

L'INDIFFÉRENCE DE BÉCAUD

Les mauvais coups, les lâchetés
Quelle importance
Laisse-moi te dire
Laisse-moi te dire et te redire ce que tu sais
Ce qui détruit le monde, c'est l'indifférence.

C'est une vieille chanson de Gilbert Bécaud, écrite par Maurice Vidalin. J'avais 16 ans quand ce disque tournait sur la bande FM. Un couplet m'avait fessé en pleine conscience :

Un homme marche
Un homme marche, tombe, crève dans la rue
Eh bien personne ne l'a vu
L'indifférence

Le film de la chanson roulait dans ma tête. Je voyais l'homme mourir dans la rue et les gens passer leur chemin, et je me disais que ça ne se pouvait pas, que le monde n'était pas froid à ce point-là. Que Bécaud avait tort. Qu'il en mettait un peu, pour nous faire réagir. Pour nous brasser la cage. Personne ne laisserait crever un homme dans la rue, dans la vraie vie. Ce couplet, c'était de la poésie. L'humain a du cœur. L'humain a le souci de l'autre. C'est certain.

Bien des années plus tard, en 1997, le jour de Noël, je revenais de Floride. Seul. Dans ce temps-là, je marchais encore allègrement. Je traversais les longs couloirs de l'aéroport de Dorval pour aller chercher mes valises. En descendant un escalier, je me suis enfargé dans mon lacet, et j'ai pris une méchante débarque. Encore une commotion cérébrale! (Je suis un vrai joueur de hockey, que je vous disais la semaine dernière.) Ma tête a percuté la tranche d'une porte en métal. C'est comme si on m'avait poignardé le front. Le sang giclait sur le plancher. J'étais à genoux. Complètement sonné. Je ne voyais plus rien.

Mais j'entendais le pas des gens. Le pas des gens qui passaient à côté de moi, sans s'arrêter. Le pas de l'indifférence. Tous les passagers de mon vol m'ont doublé sans me prêter secours. Trop pressés de rentrer enfin dans leurs beaux foyers.

Et la chanson de Bécaud m'est revenue dans ma tête fendue:

Un homme marche
Un homme marche, tombe, crève dans la rue
Eh bien personne ne l'a vu
L'indifférence

Cet homme, c'était moi. Je n'en revenais pas. J'étais comme dans un cauchemar. Toutes ces bonnes gens ne pouvaient pas se foutre de moi à ce point? Ben oui. Je n'étais rien pour eux. À peine un troisième rôle dans la pièce de leur vie. Je ne valais pas quelques secondes de leur existence. Ils avaient la douane à passer, les bagages à récupérer, un taxi à prendre, me porter secours chamboulerait leur horaire. C'était ma catastrophe, pas la leur. Alors, en passant à côté de moi, ils accéléraient la cadence. Pour s'éloigner du paquet de troubles qui gémissait à terre. C'était donc ça, la nature humaine. Ce constat me faisait presque aussi mal que la porte de métal.

Finalement, quelqu'un s'est arrêté. Une petite dame toute frêle qui m'a aidé à me relever. Et qui a alerté les ambulanciers.

Bécaud avait donc raison à moitié. Puisque quelqu'un m'avait vu. Sur le tard, mais m'avait vu quand même. Et je n'étais pas en train de crever. Si j'avais vraiment été en train de crever, les gens se seraient arrêtés plus rapidement. C'est certain. Mes idéaux de gamin de 16 ans étaient presque saufs. Pour quelque temps.

Jusqu'à cette semaine…

Quand Céline Galipeau nous avertit que les images que Le téléjournal s'apprête à montrer sont insoutenables, je me plisse les yeux, mais je regarde quand même. Et j'ai vu la vidéo que toute la planète a vue. Une petite fille de 2 ans, frappée par une camionnette, deux fois plutôt qu'une, agoniser sur le pavé, sans que personne ne vienne à sa rescousse. Personne. Une deuxième camionnette va même jusqu'à rouler dessus dans l'indifférence générale.

Que l'on soit indifférent aux adultes, c'est révoltant, mais c'est la bêtise des grands. Mais que l'on soit indifférent aux enfants, c'est effrayant. Il faut avoir l'âme particulièrement zombie. Même les bêtes ont le réflexe de sauver leurs petits et ceux du voisin. Pas nous.

Ça se passe en Chine, mais ça pourrait se passer n'importe où ailleurs. Les 18 passants qui ont fait semblant de ne pas voir la fillette marchent sur les trottoirs de toutes les villes du monde, en automates coupés de la détresse des autres.

Les images de haine sont laides. Les images d'indifférence sont encore plus dégueulasses. Parce que dans la haine, il y a une blessure, tandis que dans l'indifférence, il n'y a pas d'excuses. Il n'y a que le vide. Notre vide. Puisque c'est de nous qu'il s'agit. De nous dans notre petite vie. On a beau se dire que, si on avait été là, on serait allé la sauver, la petite, rien n'est moins sûr. Combien de malheurs avons-nous croisés, cette semaine, en regardant ailleurs ?

Bécaud avait complètement raison.

Une enfant marche
Une enfant marche, tombe, crève dans la rue
Eh bien personne ne l'a vue
L'indifférence

⸺〜

L'ESPRIT PLUS OUVERT, VOUS DITES ?!

Selon *The Gazette*, le rapport de la commission Bouchard-Taylor va recommander aux Québécois francophones d'avoir l'esprit plus ouvert. *De qu'esse?* L'esprit plus ouvert!? Les Québécois de souche? C'est comme dire aux Suisses qu'ils devraient être plus propres. Ou aux Japonais, qu'ils devraient être plus travaillants.

S'il y a une chose dont on peut être fier, c'est ben d'avoir l'esprit ouvert. C'est tout ce qu'on a, l'esprit ouvert. Si notre esprit s'ouvre encore plus, j'ai peur qu'on le perde. Qu'il casse en deux. On est tellement ouverts que les deux fois où l'on nous a offert de devenir un pays, d'avoir nos frontières, nos lois, nos pouvoirs, nos impôts, notre clé, notre serrure, on a dit NON! On veut rester ouverts. Jusqu'aux Rocheuses!

Entrez! Entrez! Nos bars sont ouverts jusqu'à 3 h! Nos dépanneurs sont ouverts 24 heures. Nos forêts sont ouvertes à toutes les compagnies qui veulent les exploiter.

Gérard Bouchard aurait pu nous dire, comme son frère, d'être plus productifs, on aurait compris. On pourrait aussi nous dire d'être plus solidaires, plus entrepreneurs, plus ambitieux. Avoir l'esprit plus communautaire. Se tenir un peu plus entre nous, au lieu de se ternir les uns, les autres. On aurait fait notre mea-culpa. Mais plus ouverts ! La contorsionniste du Cirque du Soleil a l'air raide et ankylosée à côté de notre ouverture.

C'est sûr que parmi tous les gens qui ont pris la parole à la commission Bouchard-Taylor, il y a eu quelques tapons. Qui nous ont fait mal paraître. Mais on ne juge pas un peuple à ses tapons. Les anglophones du Canada avec leur Don Cherry sont-ils plus ouverts que nous ? Nous, on les aime les Kovalev, Plekanec, Kostitsyn. On a même échangé un Français pour faire de la place à Price. On est tellement ouverts que notre club de hockey, notre plus grande fierté, appartient à un Américain. Les fans de Liverpool sont-ils plus ouverts que nous ?

Tous les grands gueulards radiophoniques qui tenaient des propos offensants pour une race, un regroupement ou une Miss Météo ont perdu leurs jobs. Tandis que les Howard Stern sévissent encore aux States. Mario Dumont, notre politicien le plus barré, est Gandhi à côté de Jean-Marie Le Pen.

C'est sûr que dans les années 50, les immigrants joignaient les rangs de la communauté anglophone parce que les francophones étaient plus catholiques que le pape. Mais aujourd'hui, nos églises sont aussi ouvertes que vides. On ne croit plus en rien. Même pas en nous.

On est tellement ouverts qu'on a pogné un courant d'air. On est si peu nationalistes qu'on ne veut ni d'une nation, ni d'un référendum, ni d'une conversation. Protectionnistes, mon œil !

Cela dit, on ne peut pas être contre la vertu. Et l'on n'est jamais assez ouvert. Bien sûr, on pourrait l'être plus. Mais si on se compare à bien des pays, l'intégration des immigrants au Québec se fait dans l'harmonie. Ici, nos émeutes, c'est quand le Canadien gagne. Heureusement, il ne gagne que la première ronde des séries. Pas d'émeute, lorsque le YWCA décide de givrer ses vitres. Pas d'émeute, quand on ne respecte pas la loi 101. Là, on dénonce, on se moque, on dit : *wo*, minute ! C'est tout. Personne n'en vient aux coups !

Hérouxville et la place Tiananmen, c'est pas le même combat.

Personne ici n'est mort pour défendre sa communauté. À part les nôtres. Les Patriotes de 1837, que l'on célèbre demain, furent les victimes d'esprits fermés. Qui ne reconnaissaient pas les droits d'une minorité majoritaire. Ce fut notre destin. Et nous avons eu la sagesse ou la faiblesse de ne pas nous venger.

Au Québec, les grands débats sociaux entourant l'avortement, les droits des femmes, des homosexuels, les mœurs sexuelles, la tolérance des différences, se sont toujours déroulés dans le plus grand des respects. Le Canada de Harper et les USA de Bush peuvent prendre exemple sur nous.

La preuve qu'on est ouverts, c'est qu'on a compris les recommandations même si elles étaient écrites en anglais dans *The Gazette*. C'est d'ailleurs un de leurs conseils aux commissaires : les francophones devraient avoir une meilleure connaissance de l'anglais. Ne plus voir l'anglais comme la langue du conquérant qui nous menace, mais comme la langue qui donne accès au pouvoir. Entre vous et moi, c'est assez semblable.

Bref, le jour où les Québécois vont être aussi ouverts que ce que souhaitent Bouchard-Taylor, j'ai bien peur que l'on soit *open*. Et que la culture française soit fermée. Ou vendue.

Peut-être que *The Gazette* a tout faux. Probablement que les commissaires nous envoient aussi des fleurs et qu'ils n'ont retenu que le pot. Peut-être que leur jugement est plus nuancé. Qu'il n'y a pas que les Francos qui ont des responsabilités dans toutes ces histoires accommodantes. Après tout, *The Gazette* préfère toujours souligner les erreurs de Brisebois plutôt que celles de Ryder.

La parution du rapport Bouchard-Taylor, cette semaine, sera une belle preuve de notre ouverture. Ça va chialer un peu. Mario Dumont va essayer de ressusciter son parti en profitant de la polémique. Certains éditorialistes écriront que les commissaires n'ont peut-être pas tout à fait tort. On va dire : OK d'abord ! Et la vie va continuer.

Au Québec, la vie continue toujours. Parce que la porte est ouverte.

Le 7 septembre 2013

L'AUTOBUS SCOLAIRE

Mardi matin, je reçois une photo par message texte. Ça vient de ma belle-sœur Isabelle. On y voit son plus vieux, Eliot, cinq ans, monter dans l'autobus scolaire, le sac à dos rouge plus gros que lui sur les épaules, le pas alerte, il croise la conductrice et se dirige vers sa place. La photo est prise du trottoir. On sent que les portes vont bientôt se refermer. C'est la dernière image de son gars avant qu'elle ne le perde de vue. Isabelle a voulu figer le moment. Elle a pris son téléphone et clic! L'autobus est parti. Il lui restait au moins la photo. Elle l'a tout de suite regardée, le cœur serré. Et puis elle l'a envoyée à tous ceux en mesure de partager son émotion : son mari, ses parents, la marraine et le parrain que je suis. Il n'y a pas de mot avec le message, juste la photo, mais si ma belle-sœur avait pu mettre en pièce jointe des larmes, il y en aurait sûrement.

Le temps est comme les autobus, il part trop vite.

Eliot est un grand, maintenant.

Prendre l'autobus scolaire, c'est le début de l'indépendance. Le début du futur. Avant cette étape, l'enfant a toujours besoin de ses parents pour se rendre quelque part. Il a beau aller à la garderie, il ne le fait pas seul, c'est le parent qui le mène. Le chemin étant plus important que la destination, l'enfant est donc accompagné durant l'essentiel. C'est juste que rendu à la garderie, papa ou maman s'absente un peu. Mais prendre l'autobus scolaire, c'est lâcher la main de sa mère, c'est embarquer dans le convoi de la vie, où chaque personne est seule, même quand elle est avec les autres. Surtout quand elle est avec les autres. Ce ne sont plus les parents qui s'absentent, c'est l'enfant. C'est lui qui part. C'est la mère qui reste sur le trottoir.

Dans cet autobus, Eliot ne prend pas seulement une place pour s'asseoir. Il prend une place dans le monde. Il prend sa place. Dans la voiture de papa ou de maman, l'enfant a la place du roi. Il est couvé, bichonné, attaché, protégé. Dans l'autobus scolaire, l'enfant a la place qu'il parviendra à trouver. À gagner. Il devra jouer du coude, se faire accepter, se faire respecter.

C'est dans l'autobus scolaire que débute la vie en société.

C'est là que certains enfants réalisent que la route sera longue. Ils devront apprendre à endurer les blagues *plates* et les tours pendables. Ils devront apprendre à accepter le rejet, quand personne ne voudra s'asseoir à côté d'eux. Chaque transport sera une douleur. Ils nourriront l'espoir de s'en sortir un jour. Peut-être, ils y parviendront. Peut-être, ils resteront pris à jamais dans le banc du délaissé.

C'est aussi dans le gros autobus jaune que d'autres enfants se feront de beaux souvenirs: les rires, les chansons, les amis, les premiers baisers échangés sans trop savoir si on aime ça ou pas. Eliot est de ceux-là. De ceux qui règnent dans l'autobus. Qui se font adopter par les grands. Qui aiment quand la vie roule et les emporte. Si Eliot pouvait, il coucherait à l'arrêt d'autobus. Tellement, il aime ça, sa nouvelle vie de grand.

Tant mieux pour Isabelle. Son premier était prêt à franchir cette étape importante. Il l'était même plus qu'elle. Comprendre que sa progéniture peut se débrouiller sans nous, c'est pas évident. Ça se fait petit à petit. Il y a juste des jours où c'est plus frappant que d'autres.

Il y a des milliers de parents qui ont pris des photos de leurs bouts de chou, cette semaine. Des milliers de parents qui ont essayé de mettre le film sur pause.

Tous ceux dont les enfants ont franchi des étapes scolaires: la première fois dans le bus, l'arrivée au primaire, l'arrivée au secondaire, au cégep, à l'université. Ça donne un coup. Toujours le même coup. Le coup de vieux. Le coup annonçant la fin. La fin d'un temps qui ne reviendra pas. Dans la marche en avant de l'enfant, il y a toujours pour le parent, un bouleversant sentiment d'éloignement. Il faut apprendre à aimer à distance. C'est tellement plus facile d'aimer en présence.

Je regarde la photo d'Eliot. Je viens pour répondre à Isabelle. Quoi lui texter? *Cute*? Un bonhomme sourire? Oh le grand garçon!? Ce n'est pas à la hauteur du moment. Si elle avait écrit quelque chose avec la photo, je saurais quel ton prendre. Mais là, je sens bien que si elle n'a rien dit, c'est parce que la photo vaut mille mots. Et que son sentiment est trop gros. Alors pour lui répondre, ça prend plus qu'un texto. Ça prend une chronique. La voici.

Bravo, Eliot! Que l'autobus te mène loin.

JE VOUDRAIS VOIR LE FLEUVE

Messieurs Bergeron, Brûlé, Coderre, Côté et madame Joly, si vous voulez mon vote, le 3 novembre, vous n'avez qu'une chose à faire : montrez-moi le fleuve. Je suis né à Montréal, j'y vis depuis toujours. J'aime ma ville. Mais je n'ai jamais eu l'impression d'habiter une île. À part quand je suis pris dans un bouchon sur le pont. Je regarde ces gratte-ciels surgir de l'eau. Je trouve ça beau. Mais cette image est un mirage. Une fois que je suis rentré dans Montréal, l'eau disparaît. Il ne reste que la montagne de plus en plus cachée. Tout n'est que béton et nids-de-poule. J'ai l'impression d'avoir été trompé.

Avant les Jeux olympiques, avant le baseball, ce qu'il faut ramener à Montréal, c'est le Saint-Laurent. Pas besoin d'aller chercher ça ailleurs. Pas besoin de se traîner par terre devant des barons et des financiers. Pas besoin d'ériger de stade ni d'aménager de pentes de ski. Le Saint-Laurent est déjà là. C'est juste qu'on l'a entreposé. Il faut le sortir de l'usine. Il faut le donner aux promeneurs, aux familles, aux artistes. Pas juste des petits bouts. Il ne faut pas être obligé de le chercher. Il faut que ce soit lui qui vienne à notre rencontre. En courant, le courant. Il faut qu'on n'ait pas le choix de le voir. Et de l'admirer. Il faut qu'il soit partout. Tout autour de nous. Et que l'on soit à lui. Que l'on soit son île. Son bijou dans le cou.

Lorsque les Montréalais auront accès au fleuve, ils seront plus heureux. C'est certain. Le bonheur des citoyens, voilà la vraie et la seule mission d'un maire.

L'eau apaise. L'eau fait du bien. Le grand bleu nous éloigne des petits problèmes. Une journée de travail devient une journée de voyage quand on la termine au bord de l'eau.

Je sais bien qu'il y a la plage Doré et quelques endroits dans le Vieux-Port où l'on voit de l'eau. Mais ce n'est pas assez. Ce sont des coins reclus qui ne font pas partie de notre quotidien. Quand on les rejoint, on a fait un gros effort. Ce n'est pas naturel. On a l'impression d'être dans une zone inventée. On ne veut pas juste un hublot sur le fleuve. On veut la vue au complet. On veut que l'air du grand large rejoigne la senteur des *smoked meats*!

Il faut que le Saint-Laurent soit aussi présent à Montréal que la Seine est présente à Paris. Il faut que tous les habitants de Montréal sachent qu'avant d'être une rue, Saint-Laurent était un fleuve. Notre fleuve. C'est lui notre vraie Main. Notre route principale.

Être entourée d'eau est une bénédiction pour une ville. Partout dans le monde, les villes qui ont cette chance organisent leur cité en fonction de ce privilège. Il n'y a qu'ici qu'on boude notre fleuve. Qu'on lui tourne le dos.

Quand tu es dans Rimouski, c'est ce que tu vois. Quand tu es dans Sydney, Australie, c'est ce que tu vois aussi. J'ai passé quatre jours à Shanghai, en Chine, et j'ai vu plus souvent et plus longtemps le fleuve Huangpu, en quatre jours, que j'ai vu à Montréal le Saint-Laurent en 50 ans. C'est absurde.

En ce moment, tous nos aspirants maires sont occupés à nous promettre de ne pas nous voler. C'est bon à savoir. C'est rassurant après tout ce qui s'est passé. Mais ce n'est pas une finalité. Ça devrait même n'être qu'un point de départ. C'est louable d'affirmer que vous allez gérer nos deniers avec honnêteté. Mais ce n'est pas assez. On a besoin d'une vision. La vision du fleuve. C'est ce qui pourrait nous inspirer le plus. Pas juste durant 15 jours. Pas juste une saison. Mais chaque jour de notre vie. De génération en génération.

Ayez un plan. Trouvez un urbaniste qui saura dessiner Montréal avec de la vie près de l'eau. Pas juste des condos avec vue dessus. Ayez des yeux de badauds, aussi. Faut pas avoir à payer des millions pour apercevoir le fleuve. La vue sur le fleuve n'est pas un privilège. La vue sur le fleuve est un droit. Le Saint-Laurent est une valeur québécoise. Je dirais même qu'historiquement, elle est la première.

C'est facile de dire: nous allons redonner le fleuve aux Montréalais. C'est autre chose de le faire. Présentez-nous quelque chose de concret. Le maire Tremblay, malgré tous ses défauts, a tout de même réalisé concrètement le Quartier des spectacles. Qu'allez-vous mettre en œuvre pour réaliser concrètement le spectacle du fleuve?

Le Saint-Laurent est en représentation, tous les jours. C'est juste que nous n'avons pas accès à la scène. Faut changer ça.

Celui ou celle qui me dirigera vers le fleuve sera mon dirigeant ou ma dirigeante.

Vive Montréal!

Vive la vue libre sur le fleuve!

Le 11 août 2013

LA MÉMOIRE DE FÉLIX

Jeudi, ça faisait 25 ans que le grand Félix Leclerc est allé accrocher ses souliers au paradis. De plus, en 2014, on célébrera le 100ᵉ anniversaire de la naissance du poète de La Tuque.

J'espère qu'on va nous bombarder d'hommages, d'émissions spéciales et de spectacles-concepts. Gens du show-biz, ne vous retenez surtout pas. Pour une fois, trop ne sera jamais assez. Il faut que tout le Québec soit remis en contact avec cette œuvre qui fut le big bang de la chanson québécoise. C'est l'occasion idéale de rappeler aux nouvelles générations que Félix n'est pas seulement un nom de trophée, qu'il est avant tout le nom de notre identité artistique.

Découvrir l'œuvre de Félix Leclerc, c'est comprendre l'âme de notre peuple. Sa force, sa poésie, sa simplicité et son courage. Ses chansons sont immortelles parce qu'elles existent de façon naturelle: une voix et une guitare. Pas besoin d'échantillonnages, de remix ou de synthétiseurs. Des cordes tendues sur du bois, la façon la plus intemporelle de faire de la musique, des troubadours jusqu'à Ed Sheeran.

Ses textes aussi sont indémodables parce qu'ils racontent les sentiments et les batailles qui habitent l'homme depuis la nuit des temps. Une diversité de sujets montrant le grand rayonnement de ses intérêts.

Le bonheur perdu…
Mon bonheur a fleuri
Il a fait des bourgeons
C'était le paradis
Ça s'voyait sur mon front
Or un matin joli
Que j'sifflais ce refrain
Mon bonheur est parti
Sans me donner la main
J'eus beau le supplier, le cajoler, lui faire des scènes
Lui montrer le grand trou qu'il me faisait au fond du cœur
Il s'en allait toujours la tête haute, sans joie, sans haine
Comme s'il ne pouvait plus voir le soleil dans ma demeure
(Le p'tit bonheur)

C'est en écoutant cette chanson, enfant, que j'ai compris la détresse des gens. Et que dire de ces vers scellant le grand amour. Il n'y a pas d'image plus belle… .

Lui : Quand je te détesterai
Pour que tu le voies bien
Quand je te détesterai
Je mettrai ma casquette
Elle : Quand je ne t´aimerai plus
Pour que tu le voies bien
Quand je ne t´aimerai plus

Je me ferai des tresses
Lui : Depuis cette entente, ma mie porte chignon
Elle : Et lui, à tous les vents, il marche tête nue
(Dialogue d'amoureux)

Félix, c'est aussi l'engagement social...

Je reviens aux sentiments premiers
L'infaillible façon de tuer un homme
C'est de le payer pour être chômeur
Et puis c'est gai dans une ville
Ça fait des morts qui marchent
(Les 100 000 façons de tuer un homme)

... et politique.

J'ai un fils dépouillé
Comme le fut son père
Porteur d'eau, scieur de bois
Locataire et chômeur
Dans son propre pays
Il ne lui reste plus
Qu'la belle vue sur le fleuve
Et sa langue maternelle
Qu'on ne reconnaît pas
(L'alouette en colère)

Félix s'est exprimé sur tout ce qui importe. C'est notre Confucius. Le plus grand sage du Québec. Il n'est pas seulement le patriarche de la chanson d'ici, il a mis au monde plein de chanteurs à travers toute la francophonie.

La chanson française, telle que nous la connaissons, est née d'un couple de deux hommes : Trenet et Félix. Trenet, c'est la chanson heureuse, la chanson piano, la chanson soleil. Le fou chantant est l'influence des Montand, Bécaud, Sardou... Félix, c'est la chanson tourmentée, la chanson guitare, la chanson lune. Le chanteur canadien, comme on l'appelait en France, aura influencé les Brassens, Moustaki, Cabrel.

Heureusement que sa fille Nathalie Leclerc a consacré sa vie à la survie de l'œuvre de son père en créant l'Espace Félix-Leclerc sur l'île d'Orléans. En 2014, montrons-lui que nous sommes tous ses frères et sœurs en fêtant nous aussi notre paternel.

Cet été, nous avons déjà eu un hommage musical aux Francofolies et un défilé inspiré des chansons de Félix au Festival Juste pour rire. Heureuses initiatives, il faut les multiplier durant la prochaine année, pour que chaque québécois s'enrichisse de son héritage.

Peu importe l'époque, pour supporter le difficile et l'inutile, il y aura toujours les chansons de Félix.

Le 8 juin 2013

RADIO-CANADA

Mercredi, je navigue sur le net, quand tout d'un coup, je lis sur LaPresse.ca: Radio-Canada ne s'appellera plus Radio-Canada, Radio-Canada s'appellera ICI. Je relis. C'est bien ce qui est écrit. Mais je doute. Si le Noël des campeurs existe, le poisson d'avril en juin existe peut-être aussi. Je vais voir sur d'autres sites, la même nouvelle est affichée. Ça doit être vrai. Pour être certain que la manchette est bien citée, je m'informe à la source, sur le site de Radio-Canada, qui, pour le moment, s'appelle toujours ainsi.

On explique que les noms de toutes les chaînes et plateformes seront modifiés. La Première Chaîne deviendra ICI Première, Espace Musique deviendra ICI Musique, la télévision de Radio-Canada s'appellera ICI Télé, le Réseau de l'Information ICI RDI, le site internet de Radio-Canada deviendra ICI.ca…

Et ICI de suite pour les 10 entités de la société d'État. Cette mesure ne touche bien sûr que le volet francophone. La CBC reste la CBC, et on ne l'écrira pas la CBICI. *Of course.*

On précise à la fin du communiqué que conformément à l'exigence du ministre du Patrimoine canadien James Moore, le nom de la société d'État, lui ne change pas.

Confus? Moi aussi. Radio-Canada devient ICI mais demeure Radio-Canada. On dirait une mesure du PQ: les impôts seront rétroactifs mais ne seront pas rétroactifs. Ce que je comprends du souhait des dirigeants, c'est que Radio-Canada s'appellera encore Radio-Canada en tant que société, mais en tant que télé, radio ou net, elle ne s'appellera plus comme ça. Ils veulent que l'on dise: As-tu regardé 19-2 à ICI Télé? As-tu écouté Bazzo à Ici Première? As-tu lu l'article sur ICI.ca? Ainsi en disant ICI, ICI, ICI, on va comprendre que toutes ces composantes font partie de la même entité. C'est une stratégie qui se défend. Des *boss*, faut ben que ça change de quoi de temps en temps pour justifier leur présence. Sauf que cette décision supprime quelque chose de trop important. Supprime l'essentiel.

Dans le slogan Ici Radio-Canada, le mot clé n'est pas Ici, c'est Radio-Canada. La marque Radio-Canada a une valeur inestimable. C'est Radio-Canada qui a fédéré les francophones d'Amérique. D'abord la radio, puis la télé. Les Michelle Tisseyre, Fernand Séguin, René Lévesque, Marcel Dubé, René Lecavalier, Pierre Nadeau, Dominique Michel n'ont jamais travaillé à ICI Télé, ils ont œuvré à Radio-Canada. C'est ce lien-là qui unit Lise Payette à Guy A. Lepage, Les Plouffe à Les Parent, Gilles Pelletier à Claude Legault. Ce lien est beaucoup plus important que le lien servant à attacher les composantes. C'est le fil du temps. Ça ne s'achète pas. Ça se tisse de génération en génération, à force de talent, de vision et d'implication. Il ne faut pas le couper impunément parce qu'une firme de marketing a sondé quatre groupes de témoins qui ont affirmé que ICI projette une image plus dynamique que Radio-Canada.

C'est comme si un génie du marketing proposait à Geoff Molson de renommer les Canadiens de Montréal, les OK de Montréal, parce que ça fait plus jeune, plus texto ! Nooooon !

On s'en fout de l'image dynamique. Radio-Canada, ce n'est pas juste une image, c'est un sens aussi. Tout un peuple s'est cultivé, s'est instruit en regardant Radio-Canada. Maintenant, le peuple a des centaines de canaux pour agrandir son savoir, il fut un temps où il n'en avait qu'un : Radio-Canada. Ce nom-là a trop d'histoire. Radio-Canada n'est pas seulement ICI. Radio-Canada est ici depuis longtemps. Ce sera toujours ce qui différenciera cette antenne de toutes les autres. D'avoir été la première. D'avoir été la pionnière.

Il serait impensable que la BBC mette de l'avant une autre désignation que sa désignation originale. Même chose pour la CBC. Question d'identité et de fierté. Se peut-il que le Québécois ait une carence de fierté ? Qu'on en soit rendu à vouloir renommer ce que nous sommes, ce que nous avons créé, ce que nous avons réussi. Il manque deux mots à notre devise nationale : Je me souviens de rien.

Heureusement, l'annonce de ce nouveau plan marketing a soulevé un tollé de réactions négatives venant d'ici et d'ailleurs. Des conservateurs aux indépendantistes, des gauchistes aux droitistes, des artisans aux téléspectateurs. Tout ce que Radio-Canada rassemblait dans la joie, ICI l'a rassemblé dans le mécontentement.

Maintenant qu'est-ce qu'on fait? La sagesse serait de ramener le terme Radio-Canada. Au moins pour la télé. C'est le vaisseau amiral. De toute façon, personne ne regardera ICI Télé, tout le monde continuera de regarder Radio-Canada. Ça fait partie de nous.

Des patrons moins intrépides ont jadis essayé de renommer Radio-Canada, SRC comme dans Société Radio-Canada. Sur les camions SRC, sur le logo SRC, sur la bâtisse SRC. Les gens ont continué d'appeler ça Radio-Canada. SRC, ça faisait trois lettres comme CBC, mais les gens s'en foutaient. On ne change pas de nom comme on change de chemise. Un nom n'appartient pas seulement à la compagnie qu'elle désigne, un nom appartient surtout aux gens qui s'en servent. Et pour nous, Radio-Canada, c'est Radio-Canada.

Patrons de Radio-Canada ou si vous préférez patrons d'ICI, vous devriez être contents de l'émoi que cause votre annonce, ça signifie que les gens sont viscéralement attachés à votre entreprise. Ne coupez surtout pas ce lien. Ne soyez pas seulement ICI. Soyez de leur côté aussi. Soyez de tous les côtés. Ici et à l'étranger. Soyez partout. Soyez Radio-Canada. Comme vous l'avez toujours été.

Le 10 septembre 2012

LA PREMIÈRE MINISTRE, L'ASSASSIN ET LE TECHNICIEN

Ce soir-là, au Métropolis, il y avait une première ministre. Heureuse, digne, soulagée, elle n'avait pas manqué son rendez-vous avec l'Histoire. Première femme à prendre les commandes de la nation. Une grande étape de franchie dans l'évolution des Québécoises et donc, des Québécois aussi.

Ce soir-là, au Métropolis, il y avait un assassin.

Enragé, frustré, dérangé, il n'acceptait pas l'élection d'un parti souverainiste. Et il s'apprêtait à libérer ses démons.

Ce soir-là, au Métropolis, il y avait un technicien.

Fatigué sûrement, après 24 heures de travail. Il lui restait encore à démonter la scène lorsque la fête serait terminée.

Je n'ai jamais côtoyé de premier ministre ou d'assassin, mais ça fait près de 30 ans que je travaille avec des techniciens de scène. Je les connais bien. Ce sont toujours les premiers arrivés. Ceux qui installent, ceux qui préparent, ceux qui ajustent. Ce sont toujours les derniers partis. Ceux qui ramassent, ceux qui nettoient, ceux qui remballent. D'humbles travailleurs. Non seulement ils sont dans l'ombre, mais en plus, ils s'habillent en noir pour être bien sûrs qu'on ne les verra pas. Pour qu'une étoile brille, ça prend la nuit. Ils sont la nuit. Et aucune star n'existe sans eux.

Ce sont les bras, le cœur et la sueur de tous les spectacles. Quand les techniciens sont motivés, c'est que votre show est bon. Quand ils ne le sont pas, oubliez ça, ça ne fonctionnera pas.

Ils sont entiers, dévoués, souvent cyniques, comme tous ceux qui observent les choses de l'intérieur. Et surtout, ils sont solidaires. Ils se tiennent entre eux. Aussi solidement que lorsqu'ils marchent sur une poutre, juchée 50 pieds en l'air, pour aller installer une lumière. Ils savent qu'il faut être plusieurs pour réussir quoi que ce soit. Et que chacun doit faire sa part, et que chacun doit faire attention à l'autre.

La première ministre était en train de parler. De féliciter ses troupes, de saluer ses adversaires, de remercier les électeurs.

L'assassin a trouvé une entrée par où passer, pour aller exécuter son cauchemar.

Le technicien aurait alors tenté de l'en empêcher.

Souvent, quand se produit ce genre de drame, tout le monde fige. Personne n'intervient. Et le monstre entraîne plein d'âmes dans son enfer. Le technicien, lui, a agi. C'est le réflexe de son métier. Tout faire pour que tout se déroule comme prévu. Tout faire pour que la vedette ne soit pas dérangée. Tout faire pour que le public ne s'aperçoive de rien. Tout faire pour que le show continue.

Et le show a continué.

La première ministre a fait une sortie côté jardin. Le metteur en scène est venu rassurer la foule. La première ministre est revenue terminer son discours. Le public a quitté les lieux.

Le suspect a été arrêté. Son arme se serait enrayée. Avant le grand massacre.

Et le technicien est mort.

Dans le noir.

Sans que personne ne le sache. Ni sur scène ni dans la salle.

Denis Blanchette aura été un homme de l'ombre jusqu'au bout.

Si ça se trouve, Richard Bain a fait ce qu'il a fait pour en sortir. Comme Manson, comme Chapman, comme les autres désaxés. Il voulait passer à l'Histoire, lui aussi.

Et il a malheureusement réussi. Tout le monde connaît maintenant son nom et son visage. Cette triste célébrité poussera peut-être d'autres fous à essayer de l'imiter.

Voilà pourquoi il faut parler de Denis Blanchette. Honorer sa mémoire. Vanter son courage. Pour que ça nous inspire la même attitude. À essayer nous aussi de stopper la folie. Au lieu de regarder ailleurs, au lieu de dire que l'on n'y peut rien.

C'est bien beau, vouloir être une star. Mais c'est tellement bien, aussi, de vouloir être un technicien.

Merci, Denis.

⌐+⌐

POUR EN FINIR AVEC
LES APPELS AUTOMATISÉS

Mercredi dernier, entre 17 h 30 et 17 h 45, 980 personnes ont reçu le même appel : « Bonjour, nous effectuons présentement un sondage indépendant. Qui pensez-vous appuyer à l'élection du 3 novembre ? Pour Richard Bergeron, faites le 1... »

Si le répondant faisait le 1, la voix poursuivait : « Saviez-vous que les élus de Projet Montréal font l'objet d'une controverse pour le financement d'un organisme... »

Ces appels automatisés anonymes ont été commandés par le candidat à la mairie de Montréal, Marcel Côté. Ils contreviennent à la loi électorale puisque toutes les dépenses électorales doivent mentionner le nom de l'agent officiel du parti. Richard Bergeron et Denis Coderre ont porté plainte auprès du Directeur général des élections qui a déclaré ces appels illégaux.

Marcel Côté s'est excusé.

Ne vous excusez pas, faites attention !

Car même si la voix robotisée de ces appels avait mentionné qu'ils étaient commandés par l'agent officiel de la Coalition Marcel Côté, ce procédé était une très mauvaise idée. Peu importe qui l'utilise : Côté, Coderre ou un autre…

Un appel automatisé, quel que soit son contenu, est un acte impoli. Un manque de respect envers le citoyen. Un geste grossier. Une intrusion insolente dans la vie privée des gens.

Les 980 personnes qui ont reçu ces appels étaient en train de vivre leurs vies. De rentrer à la maison, de souper, d'aider les enfants avec leurs devoirs, quand soudain leur téléphone a sonné : « Bonjour, nous effectuons présentement un sondage… » Plusieurs ont dû essayer d'interrompre l'appelant : « Attendez un peu… » La voix s'en foutait. Elle continuait son laïus. Les robots n'ont pas d'écoute. Les robots vous passent dessus.

Cette façon de faire est inacceptable. Si vous voulez me déranger, donnez-vous au moins la peine de vous déranger vous-même, en personne. Que vous vouliez m'abonner à la *Gazette*, me faire répondre à un sondage ou m'inscrire à un concours, faites-le avec un vrai être humain. Parce que mon temps d'humain est aussi important que le vôtre. C'est déjà assez frustrant quand on appelle quelque part de tomber sur une machine, qu'on ne va pas, en plus, recevoir des appels de machines. Les machines, *get a life* ! Appelez-vous entre vous autres ! Laissez-nous tranquilles !

Le CRTC devrait interdire tous les appels automatisés. Carrément ! On prend un autre appel. Les téléphones ne sont pas des poubelles à pubs. Ils sont le prolongement de notre maison. Et pour bien des gens, de notre personne. On n'y entre pas comme dans un moulin.

Puisque le CRTC aime bien procéder par étapes, il devrait au moins imposer que l'inscription «Appel automatisé» s'affiche quand on en reçoit un. Ce qui nous permettrait de répondre en toute connaissance de cause. Et surtout de ne pas répondre.

Au début de l'été, je recevais au moins deux fois par jour des appels en provenance des États-Unis. Je répondais avec empressement, espérant que ce serait Steven Spielberg ou Angelina Jolie, ben non, c'était toujours une voix enregistrée disant: *You just won a cruise!* La première fois, une partie de mon cerveau y a presque cru durant 20 secondes. Mais quand la machine ne vous laisse même pas le temps de crier votre joie, vous flairez l'arnaque. Surtout que la même journée, ma blonde, ma mère, mon frère, ma sœur, mes amis et mon chat ont gagné une croisière aussi. Tu parles d'un hasard! On pourrait partir tous ensemble!

Malheureusement, les automates sont comme les politiciens, ils ne remplissent pas leurs promesses. C'est peut-être pour ça qu'ils se tiennent ensemble. À force de répéter la même cassette, les politiciens ne font plus la différence entre eux et un enregistrement. Une chose est sûre, la proximité avec les électeurs ne se fera jamais en se servant de robots.

«Je cherche un homme», disaient Diogène et Eartha Kitt. Que ce soit quand j'appelle ou quand je réponds, je veux un être humain, un vrai. Qui parle et se tait.

Qui écoute et comprend. Qu'il soit habillé comme il veut. Avec tous les signes ostentatoires qu'il lui plaira, mais qu'il ne soit pas un robot. Qu'il ait un cœur qui bat. Et qu'il vive le même moment que moi.

Le candidat ou la candidate à la mairie qui me redonnera le fleuve et s'arrangera pour que les gens du 514 et du 438 aient enfin la paix aura mon vote. Pas besoin de me sonder. Agissez.

À QUEL SEIN SE VOUER ?

Mardi dernier, à l'Assemblée nationale, durant la période des questions, deux femmes ont enlevé leur chandail et se sont mises à crier : « Crucifix, *décâlisse !* » Probablement pour se souvenir de leur texte, il était écrit sur leur haut du corps, comme dirait Michel Bergeron. Des constables se sont précipités vers elles pour les maîtriser. C'est alors qu'une troisième femme a fait le même manège. Les cris ont retenti durant une vingtaine de secondes, avant qu'on les expulse du Salon bleu. À l'extérieur du salon, les agents ont tenté de leur enfiler un veston. Un voile n'aurait pas été politiquement correct. Ces manifestantes font partie du groupe contestataire féministe d'origine ukrainienne appelé Femen. Ce mouvement est reconnu pour organiser des actions, les seins nus, pour défendre les droits des femmes et s'opposer à la prostitution et aux religions brimant les femmes.

La cellule québécoise des Femen en avait contre le crucifix qui orne les murs de l'Assemblée nationale.

Ses membres trouvent que l'objet date de la grande noirceur et qu'il est un souvenir douloureux, spécialement pour les femmes. À chacun sa vision du symbole religieux. Madonna, elle, trouve le crucifix sexy, car il y a un homme nu dessus. D'ailleurs, mardi, la seule personne qui était vêtue comme les Femen à l'Assemblée nationale était, justement, le petit Jésus sur sa croix. Jésus serait-il un manifestant d'avant-garde? Vite, appelons Second regard.

De notre côté ce matin, nous nous en tiendrons à une réflexion simple sur l'effet des seins. Les Femen ont-elles vraiment besoin de les montrer pour se faire entendre?

Il semble que oui.

Imaginons qu'une femme se serait levée au balcon de l'Assemblée et aurait dit: Je suis contre le crucifix. En aurait-on parlé aux nouvelles? Sûrement pas.

Imaginons qu'une femme se serait levée au balcon et aurait crié: JE SUIS CONTRE LE CRUCIFIX! Le cri est une bonne façon d'attirer l'attention. On en aurait peut-être parlé rapidement.

Imaginons qu'une femme se serait levée au balcon et aurait crié: CRUCIFIX, DÉCÂLISSE! La formule choque. On en aurait sûrement parlé dans les médias. Un petit peu. Avec photo? Pas certain.

Ce dont les Femen s'assurent en se dénudant, c'est d'avoir plus d'espace médiatique, d'avoir une photo pour illustrer leurs propos. D'ailleurs, elles ne prennent pas de risque, elles l'écrivent sur leur torse. Comme ça, si les journaux ne font que publier la photo de leur geste, sans article, comme plusieurs l'ont fait, au moins, les lecteurs connaissent leur revendication.

Moi, ce qui me choque, en regardant la photo des évènements de cette semaine, ce ne sont pas les manifestantes dénudées, ce sont les agents de sécurité tentant de les maîtriser. Lâchez-les! Personne n'est en danger. Leurs seins ne vont pas exploser. Soyez des gentlemen. Attendez qu'elles aient fini. Regardez ailleurs. Allez prendre un café. Surtout, ne leur sautez pas dessus! C'est un manque de galanterie. Ça donne une photo scabreuse. Il y a quelque chose de malsain, de presque sado-maso, à voir un homme habillé en policier faisant une clé de bras à une femme déshabillée. En les arrêtant, on donne une image confirmant ce qu'elles avancent : la soumission des femmes aux hommes. On aurait dû les laisser crier jusqu'à ce qu'elles se lassent. Après tout, leur langage n'était pas plus scandaleux que bien des choses qui se disent dans cette enceinte.

Vous me direz que si on les laisse faire, tous les contestataires vont venir se mettre tout nus tous les jours à l'Assemblée, pour exprimer leurs idées, et nos députés ne pourront plus siéger. Est-ce si grave? On saurait enfin que le Salon bleu s'appelle ainsi, dans le sens de Bleu nuit.

Je ne comprends pas qu'en 2013, on puisse être encore choqué par ce que les gens font avec leurs corps. Que les Femen montrent leurs seins pour faire parler d'elles ou que Miley Cyrus agite son derrière pour vendre des albums, c'est de leurs affaires. Vous aimez? Tant mieux pour vous. Vous n'aimez pas? Changez de poste.

Ce qui est scandaleux, c'est quelqu'un qui blesse le corps d'un autre, pas quelqu'un qui exhibe le sien. Un nez aussi, c'est fait en peau et ça ne dérange personne. La peau des fesses ou des seins, c'est la même peau. Ça ne devrait pas vous étonner, vous en avez, vous aussi.

Tant que les Femen créeront l'émoi en se montrant *topless*, elles auront raison. Il y a quelque chose qui cloche dans la perception de la femme. Au fond, la religion qu'elles dénoncent, c'est une religion universelle: la religion de la culpabilité. Des gens mal dans leur peau imposent de faux interdits pour que tout le monde le soit aussi. Ce qu'il faudrait écrire sur nous, c'est: HAINE, *DÉCÂLISSE*!

Parce qu'entre vous et moi, le crucifix dans tout ça, je crois qu'il s'en…

Le 15 octobre 2011

MES COMMOTIONS CÉRÉBRALES

C'est mon plus vieux souvenir. J'ai deux ans, peut-être trois, sûrement pas plus, parce que je mange encore dans ma chaise haute. J'ai terminé mon petit-déjeuner. La porte sonne. Ma mère me dit d'attendre, qu'elle va m'aider à descendre dans un instant. Elle court répondre au facteur. Je n'attends pas. Je descends de ma chaise, tout seul. Je perds pied et me fracasse la tête sur le calorifère. Ma mère revient dans la cuisine en criant. Au sol, il y a une mare de sang.

Je ne sais pas si c'est ma mère qui s'est trompée de numéro de téléphone, mais ce n'est pas l'ambulance qui est venue me chercher, c'est la police. Un tour d'auto de police, sirène hurlant, comme dans *Batman*! Cool. À l'hôpital, ils m'ont fait des points. De retour à la maison, je ne devais pas dormir durant 24 heures, question de surveiller mes signes vitaux. Pour me tenir éveillé, mes parents m'ont donné le G. I. Joe que je voulais tant.

Ce fut la première d'une longue série de commotions cérébrales. De la vie de joueur de hockey dont je rêvais, c'est le seul aspect que je partage avec mes héros. Marchant sur la pointe des pieds et ayant un équilibre très précaire, j'ai fait de nombreuses chutes. Et le plus souvent, c'est ma tête qui absorbait le choc.

En tombant de mon tricycle, en jouant au ballon chasseur, en glissant sur un plancher frais lavé de toilettes publiques, en allant rencontrer Vanessa Paradis. Oui, vous avez bien lu, en allant rencontrer Vanessa Paradis.

C'était en novembre 1992, l'équipe de *L'enfer, c'est nous autres* était en France pour faire une entrevue avec la jolie chanteuse et actrice. Avant de partir pour son hôtel, en me rendant au camion du caméraman, je suis tombé comme une tour dans le garage des bureaux de Radio-Canada à Paris. Boum. J'ai quand même réalisé l'entrevue.

Je voyais à peine Vanessa et Julie, tellement il y avait d'étoiles et de lignes blanches dans mon cerveau. Je ne voyais tellement rien que je me suis assis sur les fleurs, puis sur le chandail de la star. Ça l'a fait rire. Elle m'a pris pour une sorte de Pierre Richard. Elle m'a même passé la main dans les cheveux pour tâter la bosse que je m'étais faite.

G. I. Joe et la main de Vanessa Paradis, il y a quand même des avantages à se péter la tête !

Malgré tout, ça ne vaut pas le coup.

Quand on se cogne le doigt, on a mal au doigt. Quand on se cogne le genou, on a mal au genou. Quand on se cogne la tête, tout devient diffus, confus. Le centre de la douleur étant atteint, on n'est même pas capable d'avoir mal, on ressent quelque chose d'encore plus intense. Quelque chose qui va au-delà du mal. On ressent le néant. C'est effrayant. Comme si on perdait la connaissance du monde et de nous-même pendant un court instant, puis elle nous revient lentement, tout lentement, de si loin.

Ce n'est pas une partie de notre corps qui est atteinte, c'est nous, notre être, ce qui fait que l'on est qui l'on est. Une commotion cérébrale, c'est une blessure à l'ADN. C'est une blessure à l'âme.

J'ai été très chanceux. J'ai une tête dure. Vraiment dure. Les symptômes de toutes mes commotions n'ont jamais duré plus que quelques heures. Je n'ai pas de séquelles. Du moins, je le crois! Juste de la corne autour du coco.

Je ne peux imaginer l'enfer que vit Sidney Crosby. Souffrir du cerveau durant des mois, c'est un 11-Septembre personnel. Le cerveau, c'est le superhéros qui permet de surmonter tous nos autres maux. Quand c'est Superman lui-même qui est en péril, il n'y a personne pour venir le sauver. On n'a pas un cerveau externe pour réparer notre cerveau défectueux. Faut juste attendre que les secousses du tremblement de tête cessent.

Tout se passe là, dans la tête. Ce que l'on voit, ce que l'on sent, ce que l'on ressent, nos joies, nos peines, nos rêves, notre vie, elle est là-dedans. C'est ce qu'il y a de plus précieux au monde. Je ne peux pas croire qu'il y a des gens qui s'opposent aux mesures visant à protéger les joueurs de hockey des coups à la tête. C'est sûrement qu'ils n'en ont pas.

Quelle est cette morbide fascination de voir un homme se faire plaquer à la tête et perdre connaissance?

Don Cherry s'habille comme une *Môman* de *La petite vie* qui aurait changé de sexe, faudrait surtout pas le prendre au sérieux quand il traite les opposants aux coups à la tête de mauviettes. Les dinosaures du Madrid ont disparu, celui de la CBC devrait au moins se taire.

À la boxe, on interdit les coups en bas de la ceinture, mais on encourage allégrement les coups en haut du cou. Cela trahit un sens des valeurs assez désaxé. Quand la queue est plus importante que la tête. C'est le monde à l'envers.

Il est temps de le remettre à l'endroit. Sauvons la planète que chaque être humain a sur les épaules.

Que toutes les ligues de hockey interdisent les coups à la tête en toutes circonstances.

Go, Shanahan, *go*!

Le 16 octobre 2010

NOUS SOMMES TOUS DES MINEURS CHILIENS

Ma mère est installée dans son salon, allongée sur le canapé avec plein de coussins dans le dos. Sur la table, à ses côtés, le téléphone et un verre d'eau. Elle regarde la télévision. Ma mère habite à NDG, mais ce soir, comme toute la planète, elle habite au Chili. Elle voit la nacelle descendre dans les profondeurs pour aller chercher le premier mineur. Ça fait 69 jours que 33 gars sont prisonniers des ténèbres. Soixante-neuf jours sans soleil. Soixante-neuf jours sans lune, sans étoiles. Soixante-neuf jours sans ciel. Ça doit être ça, l'enfer.

Ils auraient pu mourir ensevelis, mais leur tunnel a résisté. Alors, ils sont toujours en vie. Et tant que tu es en vie, tu supportes tout. Tu dures. Tu *toffes*.

C'est ce qu'il y a de bien avec la vie : il n'y a que la mort qui puisse la battre. La vie est plus forte que tout le reste. Plus forte que la peine, plus forte que la peur, plus forte que la solitude, plus forte qu'un trou noir.

Ces naufragés de la terre sont coupés du monde depuis plus de deux mois. Pourtant, ils sont encore là. La vie est si fragile et si robuste à la fois.

Ils seraient perdus dans l'espace, ce serait plus simple d'aller les chercher. L'homme sait aller plus haut. C'est aller plus bas qu'il ne sait pas. Il a fallu qu'il se creuse la tête très longtemps avant de trouver une façon de secourir les mineurs sans que la mine leur tombe sur le casque. La nacelle ressemble à la fusée dans Tintin. On dirait un modèle de 1950. Ce serait un manège à La Ronde, on ne s'y risquerait pas. On est loin de *Star Wars*. Une bonne vieille poulie avec une corde, un ascenseur grand comme dans les appartements parisiens et un long tube, style descente de linge sale. On n'est pas à Hollywood, ici, on est dans la vraie vie. C'est plus simple et plus efficace.

La fusée remonte enfin. Le premier mineur en sort. Vivant et heureux. Avec ses lunettes fumées, il a l'air d'un joueur de poker. Il a parié sur le temps et il a gagné. Cette scène, ce n'est que du bonheur. Le bonheur d'exister. Encore.

Il est au même endroit où il est allé si souvent. Son lieu de travail depuis tant d'années. Mais aujourd'hui, pour lui, c'est le bout du monde. Le paradis. Parce que c'est son monde à lui.

Ma mère pleure, seule dans son salon. Elle est émue. Elle est heureuse. Pour lui, pour eux. Pour leurs familles et tous ceux qui les aiment.

Avant de voir le prochain mineur qui sera libéré, ma mère doit aller dans sa chambre. C'est là qu'elle fait sa dialyse. Quatre fois par jour. Elle souffre d'insuffisance rénale. Sa mine, c'est sa maison. Elle y est confinée depuis deux ans. Elle se promène entre le salon et la galerie d'en arrière. C'est sa seule liberté.

Dès fois, elle vient chez nous, entre deux dialyses. Et ça lui fait du bien. Et ça la fait sourire comme un Chilien. Moi aussi.

C'est pour ça que le drame de ces 33 hommes nous a tant touchés. Nous sommes tous des mineurs chiliens. Nous avons tous une mine en nous qui nous enferme. Souvent, c'est la maladie ou un accident qui nous a bouché le ciel. Ça peut être aussi la pauvreté, l'angoisse, l'ennui, une blessure d'enfance, une errance, tous ces tunnels sans lumière.

Mais si creux qu'on se trouve, on survit. Ce n'est pas facile. C'est long. Ça fait mal. Mais on s'accroche à l'espoir ou au désespoir. Les deux sont solidement ancrés.

Parfois, si on est chanceux, une nacelle arrive. Elle nous sort de notre malheur, qui devient chose du passé. La plupart du temps, il reste pas loin. Et on rembarque dans la nacelle pour redescendre, puis on revient en haut, puis on retourne en bas. L'existence est un yo-yo, accroché à quel doigt ? Ça, on ne le sait pas. Mais pour y jouer si souvent, ça doit être un doigt d'enfant.

On a tous nos hauts et nos bas, à divers moments, ce n'est jamais synchro. Sauf l'autre soir, on était 1 milliard à être en haut. Pour être exact, 1 milliard et un… et 2… et 3… et 4… comme ça jusqu'à 33.

Cette libération des mineurs chiliens, elle nous a fait du bien à tous. Pour une fois, il n'y avait pas de méchant, pas d'ennemi, on était tous du même côté. Celui de la vie. Et on a tous gagné. La nacelle des Chiliens nous a tous remontés. Nous a tous sortis de nos drames, durant un court moment. L'instant de réaliser que le bonheur, ce n'est pas d'être au ciel, c'est plutôt, tout simplement, de pouvoir le voir.

Ces hommes ne débordaient pas de joie parce qu'ils avaient atteint le sommet de l'Everest ou marché sur la Lune. Ces hommes étaient heureux de retrouver ceux qui les aiment.

Entre deux mineurs repêchés, ma sœur, qui habite en haut de chez maman, descend la voir : « Tu n'as besoin de rien ? » Ma mère s'essuie les yeux. Et sourit. Elle avait juste besoin de la voir. Que ce soit au fond de la mine ou sous les étoiles, l'important, c'est d'être ensemble.

DU PONT ET DU PONT

On ne parle que de ça à Montréal : du pont et du pont et encore du pont. Du pont en ruines, du pont bloqué, du pont fermé, du pont manqué. C'est notre obsession. Notre principal sujet de conversation.

Dans les bars, on ne s'aborde plus en demandant : C'est quoi ton signe du zodiaque ? On s'aborde en demandant : C'est quoi ton pont ?

Si vous êtes pont Jacques-Cartier, ça dénote une personnalité pragmatique, aimant les solutions simples et les relations stables.

Si vous êtes pont Victoria, vous êtes un rusé, un original, aimant les chemins de traverse, les passages secrets.

Si vous êtes pont-tunnel Louis-Hippolyte-La Fontaine, vous êtes un discret, un sous-terrain, un modeste. Vous préférez être en dessous que de tomber de haut.

Si vous êtes pont Champlain, vous êtes soit un aventurier ou un résigné. Soit un mal informé ou un suicidaire. Un retardé ou un retardataire. Ou tout ça en même temps. Bref, un bipolaire !

Une chose est sûre, les gens qui continuent d'emprunter le pont Champlain sont fascinants. À 5 h 30 du matin, il y a déjà deux heures d'attente. Pas grave ! On y va quand même. Fonçons dans le bouchon. On veut faire partie de l'événement. On est fier d'amplifier le trafic. De rajouter sa contribution. L'être humain aime être solidaire dans la fatalité. Comme les moustiques attirés par la lumière. Tel est mon chemin, tel est mon destin. Rien ne m'en fera bifurquer.

Le pont Champlain est en état de détérioration avancé. Le pont Champlain est en train de s'écrouler. On vient d'avoir la bonne idée de le réparer. New York a Superman pour protéger ses citadins, Montréal a Super-poutre pour protéger les siens. On installe ce week-end une poutre de 75 tonnes par-dessus la poutre fissurée. Un gros diachylon sur une jambe de tôle. Si l'opération réussit, ça devrait prolonger de quelque temps la durée de vie du pont damné.

Une chose est sûre, ça prend un autre pont, avant qu'il ne soit trop tard. Ça presse. Tout le monde est d'accord là-dessus. Mais personne ne fait rien. Le fédéral et le provincial agissent comme les Dupont et Dupond. Dupont fédéral : Ça prend un nouveau pont ! Dupond provincial : Je dirai même plus, ça prend un nouveau pont !

Arrêtez de parler, les pontifes ! Agissez ! Pas vu l'ombre d'un plan encore ni la tête d'un marteau. Un pont, ça ne s'achète pas chez Ikea, ça se planifie. Et c'est ça le problème. Les politiciens ont la vue courte. Pour eux, la vie dure quatre ans. Le temps d'un mandat. Toutes les réalisations doivent servir à se faire élire. Il faut couper le ruban juste avant les élections. Être sur la photo. Quel est l'avantage de dépenser du cash pour quelque chose qui profitera probablement à quelqu'un d'autre? Aucun. Alors on gagne du temps. On *patche*. Et on pelte par en avant. Ou plutôt par en arrière. En attendant que ça devienne le problème de son opposant.

C'est toute la santé mentale et économique d'une ville qui en subit les conséquences. Va-t-il falloir que les Montréalais fassent des Lasagne d'eux-mêmes et occupent le pont Champlain pour que les gouvernements s'occupent enfin du dossier? Pour vrai. Qu'on entende enfin le bruit des grues qui érigent un nouveau pont.

Personne n'aborde ce défi avec la hauteur qu'il mérite. Bâtir un pont est un grand projet de société. Relier la terre à la terre. Relier le monde au monde. C'est une œuvre. Nos dirigeants l'envisagent comme une tâche. Comme des travaux forcés.

Le pont Victoria a été complété en 1859. Il y a 154 ans. On y roule toujours sans problème. Le pont Jacques-Cartier a été ouvert à la circulation en 1930. Il y a 83 ans. On l'a rafistolé un peu, mais il tient le coup. On emprunte le pont Champlain, depuis 1962. Il y a 51 ans. C'est le plus jeune des trois et le plus *magané*. Se peut-il que l'art de bâtir des ponts se perde? Que cette construction ne soit plus conçue avec toute la noblesse qu'elle mérite?

J'ai peur que le pont Champlain-Harper soit un pont en broche à foin. Qu'il faudra raccommoder avant même qu'il soit fini. Parce qu'on aura coupé les coins ronds. Parce qu'on l'aura fait à contrecœur. Pour se débarrasser.

C'est *ben* beau avoir une super-poutre, mais peut-on avoir un super pont. Parce que pour l'instant, tout ce qu'il y a de super, à part la poutre, c'est le super bouchon, le super retard, le super malaise et la super inertie de ceux qui pilotent le dossier.

Quelqu'un peut-il se lever, prendre ce projet en mains, brasser les fonctionnaires, dérouler des plans, préparer le terrain, couler le béton?

Le gouvernement conservateur a fait son deuil du vote du 514 et du 450. Nous ne sommes pas importants pour lui. Sans rapport de force, comment Montréal parviendra à obtenir un pont à la fine pointe de la technologie actuelle dans un délai raisonnable?

Espérons que nous avons élu un Super Maire…

NI LE SAVOIR, NI LE VOIR

Je n'ai pas envie de connaître tous les détails de l'affaire Magnotta. Pas envie d'apprendre comment le « démembreur » a découpé sa victime. Ça m'écœure. Pas dans le sens de lever le cœur. Au contraire. Ça me le descend au plus bas, au plus sombre de l'âme humaine.

Le grand Deschamps disait : « On ne veut pas le *sawouère*, on veut le *wouère* ! » Moi, je ne veux pas le *sawouère*, et je ne veux surtout pas le *wouère* !

Je ne comprends pas les milliers de personnes qui se sont empressées d'aller regarder, sur le Net, la vidéo du sordide meurtre. Ce n'est pas un clip de Marilyn Manson, ce n'est pas Freddy 13ᵉ partie, c'est la mort d'un homme. Un vrai homme. Le plaisir du sadique, c'est justement que l'on regarde son film. C'est pour ça qu'il a commis cette ignoble chose. Peut-on se garder une petite gêne ? Peut-on faire plaisir à quelqu'un d'autre qui le mérite davantage ?

Je n'ai pas envie de connaître tous les détails de l'affaire Magnotta, mais je vais les connaître quand même. C'est impossible d'y échapper.

Avant, quand on ne voulait pas entendre parler d'un fait divers, on avait juste à ne pas écouter Claude Poirier; 10-4, c'était réglé. Maintenant tout le monde couvre les chiens et les humains écrasés, c'est la priorité. Le démoniaque Luka Rocco Magnotta a même volé la vedette à l'ange Gabriel Nadeau-Dubois. C'était la manchette principale sur toutes les plates-formes, sur tous les sites d'information.

On ne nous épargne aucun détail. C'est tout juste si on n'invite pas le propriétaire d'Au pied de cochon pour faire une démonstration. Sur un petit veau, bien sûr.

Il y a des nouvelles dégueulasses, parfois, auxquelles il faut faire face : les guerres, les famines, les catastrophes naturelles. Ça nous perturbe. Mais ça éveille notre conscience. Ça nous pousse à changer, ça nous pousse à aider. Les comptes rendus des accidents d'autos nous incitent à être plus prudents. Mais la connaissance des horreurs de Magnotta ne nous rendra pas moins susceptibles de nous faire dépecer. Ça ne nous apprend rien, si ce n'est qu'il y a de dangereux maniaques sur cette planète, mais ça, ça fait 4 millions d'années qu'on le sait.

Admettons que c'est une nouvelle pertinente, parce que hors du commun. C'est faible comme argument, mais acceptons-le, pour l'exercice. Un coup qu'on la sait, est-ce qu'on peut passer à autre chose? Le mort ne peut pas être plus mort. Pas besoin d'en faire un feuilleton. De nous présenter la filmographie complète de Rocco, sa liste des bonnes adresses et ses photos Facebook. Pas besoin, non plus, de nous faire l'inventaire de toutes les autres affaires similaires. Pourquoi vouloir nous faire peur à ce point ? Passons à autre chose.

Je sais bien que si on le fait, si on étire la sauce, c'est parce que, contrairement à moi, il y a plein de gens fascinés par ces histoires d'horreur. Le répugnant est un « gros vendeur ». Alors que faire pour protéger les cœurs sensibles comme le mien, sans frustrer les cœurs capables d'en prendre ?

Pourquoi ne pas parler des faits divers à la fin des bulletins ? Racontez-moi la politique, racontez-moi le monde, racontez-moi le temps, racontez-moi le sport, et terminez avec la section criminelle. Comme ça je pourrais changer de poste en sachant tout ce que je voulais savoir. Dans la presse écrite, c'est plus simple, quand on veut éviter un sujet, on n'a qu'à tourner la page. Sur le Net, on n'a qu'à cliquer ailleurs. Mais à la télé et à la radio, on n'a pas le choix, il faut suivre l'ordre du bulletin. Et on ne me fera pas croire que les perversions d'un dérangé sont prioritaires.

Comprenez-moi bien, il y a des faits divers qui deviennent des faits de société. L'affaire Guy Turcotte en est un malheureux exemple. Mais l'affaire Magnotta n'a pas cette portée. En tout cas, pas pour le moment. C'est une nouvelle spécialisée. C'est Allô-Police. Que ceux qui en sont curieux aient accès aux faits, mais que ceux qui ne veulent rien savoir puissent les éviter.

Parce que lorsque l'on traite les émules d'Hannibal Lecter comme s'ils étaient la personnalité la plus hot de l'heure, tous domaines confondus, on ne fait que jouer leur jeu. On leur donne l'importance qu'ils recherchent en commettant ces actes. C'est malsain.

Un peu moins de spectaculaire, un peu plus de pudeur s'imposent.

Je sais qu'on est tannés d'entendre parler du conflit étudiant, mais il y a sûrement d'autres sujets moins désespérants…

Qu'attend le Canadien pour nommer Patrick Roy? Et que ma ville retrouve, enfin, son sourire.

Le 17 juin 2007

BONNE FÊTE DES PÈRES, MONSIEUR DUBOIS !

Mercredi midi, il fait très beau sur la terrasse du Latini. Un peu de verdure, un petit étang, des nappes blanches, et l'on oublie qu'on est en face du très complexé complexe Guy-Favreau. On n'est pas en Italie, c'est l'Italie qui est ici. Elle a poussé comme une vigne, coin Jeanne-Mance et René-Lévesque.

Plein d'hommes d'affaires sont venus se donner l'illusion qu'ils sont en vacances. À la table d'à côté, Jean Lapierre dîne avec Lucien Bouchard et un autre monsieur. J'essaie d'entendre ce qu'ils disent, mais le vent pousse leurs secrets vers la rue. Je n'aurai qu'à écouter Paul Arcand demain matin.

Mon ami arrive comme un flashback. C'est Pierre Dubois, le directeur de la vie étudiante du temps où j'étais au Collège de Montréal. Il y a de cela quatre coupes Stanley. À Montréal, bien sûr. Non, M. Dubois n'est pas un vieux sénile tout rabougri. Il avait à peine 10 ans de plus que nous quand il est arrivé au Collège.

Et c'est un peu pour ça qu'on l'aimait tant, il était jeune de tête et de cœur. Au Latini, ça sent bon, même très bon, on va enfin pouvoir manger ensemble. En liberté. Ça fait des années qu'on remet notre rendez-vous. J'avais toujours un montage à finir ou un spectacle à commencer. Et puis, notre dîner, ce n'était rien d'urgent. Si ça avait pu attendre des décennies, ça pouvait bien attendre quelques mois. Et c'est comme ça qu'on manque nos plus importants rendez-vous. Nos rendez-vous avec le temps. Et avec ceux qui l'ont rendu beau.

Pierre arrive du collège. Il n'est plus responsable de la vie étudiante, il est professeur de français en quatrième secondaire. Et si j'avais doublé toutes ces années-là, j'aimerais bien être dans sa classe, car ça doit être tout un prof.

Quand il a commencé sa carrière au Collège de Montréal, j'étais en troisième secondaire et je m'amusais plus à la maison qu'à l'école. Le collège était un peu poussiéreux. Nos principaux passe-temps étaient le club de reliure avec M. Drainville et la table de Mississippi, à l'étage des pensionnaires. Ça grouillait pas fort. Dehors, c'était Harmonium, Genesis, les Jeux olympiques. En dedans, c'était l'ancien temps.

Et puis Pierre Dubois est arrivé. Et ça a tout changé. Les sulpiciens se sont mis à rocker. Il a été, presque à lui seul, la révolution tranquille dans le plus vieux collège de Montréal. J'avais toujours rêvé d'écrire dans un journal. Il a créé le premier journal étudiant du collège : Le Croc-mort. Et c'est là que j'ai commencé à écrire mes folies. Le Croc-mort n'était qu'un paquet de feuilles de couleur agrafées ensemble. Mais il y avait des gens qui le lisaient. Alors, pour moi, c'était La Presse. Depuis ma tendre enfance, je noircissais des tas de cahiers qui restaient dans ma chambre, sans être lus. Et voilà qu'enfin ce que je pensais prenait vie, car des yeux se posaient dessus. J'écrivais des articles pour Le Croc-mort en quantité industrielle, en quantité Lynda Lemay. Je me souviens, la semaine où j'avais eu la grippe de Hong Kong, le journal était cinq fois moins épais que d'habitude. Épais dans le sens du nombre de pages, bien sûr.

Sans Pierre Dubois, Dieu sait ce que je ferais aujourd'hui. Une chose est sûre, je n'aurais pas autant de plaisir à le faire.

C'est ce que Pierre Dubois a apporté aux élèves de mon temps : l'énergie de la joie. Il en manquait un peu dans les murs de la vénérable institution. On n'était que des gars. Et des gars ensemble, parfois, c'est lourd. Il fallait un leader pour transformer la lourdeur en force. Dubois fut notre maître. Dans le sens noble du mot.

Aujourd'hui, Pierre n'est plus seul au collège pour ventiler les esprits : il y a des filles. Des filles élèves et des femmes profs, ça aère les lieux. Et ça occupe les gars.

On a parlé du bon vieux temps, bien sûr. Mais on a surtout parlé du présent. De mes petits projets et de son enseignement. Pierre venait de donner son dernier cours à l'un de ses groupes de quatrième. Il en était encore remué. Tous ces visages qui le regardaient pour la dernière fois. Tous ces visages qui seront remplacés par d'autres dès septembre. Toutes ces personnalités qui se sont révélées devant lui. Qu'il aura tout juste eu le temps de connaître et d'aider avant de passer le relais à d'autres allumeurs de réverbères.

Pierre Dubois et sa douce n'ont pas d'enfants. Je lui ai demandé si ça lui manquait. Il m'a souri en disant : « Des enfants, j'en ai plein. » Et c'est trop vrai.

Durant quelques années, M. Dubois a été une petite partie de père pour moi. Il m'a responsabilisé, appris, guidé, inspiré. Et une petite partie de père multiplié par des milliers d'enfants, ça donne un super papa.

Bonne fête des pères, monsieur Dubois ! Merci pour tout. Trente ans plus tard, vous êtes toujours aussi inspirant. J'irai vous voir au collège, bientôt. Mais on ira manger en face !

Le 25 janvier 2014

TERRE DE NOS AÏEUX

Soudainement, jeudi, le sort des gens âgés est devenu le sujet de toutes les tribunes. Devant la Charte, la commission Charbonneau et P. K. Subban. Les reporters se sont précipités dans les centres d'accueil donner la parole aux résidants. Soudainement, nos aïeux reçoivent de l'attention. Soudainement, nos aïeux passent à la télévision. Ça fait des années qu'on les cache. Qu'on les oublie bien avant qu'ils nous oublient.

Que s'est-il passé? Une tragédie. Ça prend une tragédie pour les ramener dans la lumière. Ça prend une tragédie pour qu'on leur fasse une place. Pour réaliser qu'ils font partie de notre monde, et pas déjà de l'autre.

Pas plus tard qu'au début du mois, il y a eu un grand débat parce que l'hôtel Concorde de Québec serait transformé en Résidence-Soleil. Les commerçants étaient contre. Les vieux, c'est pas bon pour le tourisme. Ça va faire fuir les gens sur la Grande-Allée. Imaginez, si n'importe quel autre groupe de notre société avait reçu ce genre de commentaires. Pas de

Noirs, près de la Grande-Allée, pas de gais, près de la Grande-Allée, on serait montés au créneau. Avec raison. Mais pour des vieux, on ne se révolte pas. On trouve de vides excuses. C'est trop bruyant, ce coin de la ville. On ne les veut pas là, mais pour leur bien à eux. Me semble…

Il aura fallu un drame pour qu'on se sente tous coupables. La Résidence du Havre de L'Isle-Verte a été dévastée par les flammes, puis figée par la glace. Le décompte des victimes ne cesse d'augmenter. La scène frappe l'imaginaire. Alors les chaînes de nouvelles en continu ne cessent de nous la montrer. Il n'y a pas grand-chose à dire, à part que c'est épouvantable. Pourtant, ça fait deux jours qu'on ne parle que de ça. Les cheveux blancs sont *ratings*. Alors on beurre épais.

Parmi tout ce qui se dit sur ce feu de peine, les propos les plus sensés sont ceux qui tentent d'en tirer des leçons. Le gouvernement promet d'examiner la possibilité de forcer toutes les résidences de personnes âgées à installer des gicleurs. Comment ça, examiner la possibilité? C'est une honte que ce ne soit pas déjà fait. Il y a des gicleurs dans les coffres forts des banques, mais il n'y en a pas là où ceux qui nous ont donné la vie terminent la leur.

Que vendent les résidences pour personnes âgées à leur clientèle? La sécurité. Vivre dans votre logis est trop dangereux, venez dans nos appartements, on va prendre soin de vous. On va veiller sur vous. Ben faites-le! Pas besoin d'attendre le rapport d'enquête sur la tragédie de L'Isle-Verte pour procéder. Est-ce que l'installation de gicleurs augmente les chances qu'un début d'incendie soit plus facilement circonscrit? La réponse est oui. Est-ce que des gens à mobilité réduite sont plus vulnérables en cas de sinistres? La réponse est encore oui. Est-ce que les établissements qui les hébergent devraient prendre tous les moyens possibles pour les protéger de la menace des flammes? Un autre oui. Il n'y a aucune raison de tergiverser, surtout pour des gens dont le sablier du temps se vide beaucoup trop rapidement.

Il faut profiter de notre soudain éveil aux destins des retraités pour agir. Pour faire avancer les choses. Pour les respecter davantage. Parce que ça ne durera pas. Les médias ne se préoccupent des aïeux qu'une ou deux fois par année. Dans le temps des Fêtes, on fait un reportage sur le Noël des petits frères des pauvres. Puis lorsqu'il y a des cas scabreux de maltraitance. Sinon, les gens âgés sont invisibles. La télé les ignore, car c'est un public captif. Ils sont devant leur télé de toute façon. Pas besoin de s'intéresser à eux, pas besoin de s'adresser à eux, ils sont là quand même. Alors on fait tout pour attirer les jeunes. Et on croit que la meilleure façon de le faire, c'est de ne pas montrer de vieux.

Pourquoi faut-il toujours perdre quelqu'un pour réaliser qu'on aurait aimé le garder? La tragédie de L'Isle-Verte a rendu tout le Québec orphelin de ses patriarches. L'horreur de leurs morts nous fait faire des cauchemars. Nous compatissons avec cette communauté terriblement éprouvée. Mais dans un mois, dans six mois, dans un an, pendant qu'ils seront toujours affligés, nous serons ailleurs. Avec d'autres pensées dans le cœur. Voilà pourquoi, il faut faire, sur-le-champ, un examen de conscience.

Écouter les gens âgés, pas seulement quand il y a un feu. Mais en tout temps. Cessez de faire de l'âgisme. L'âge n'est que la mesure du présent. Il y en a pour qui le présent dure depuis 10 ans, d'autres depuis 80 ans, mais nous faisons tous partie du même moment. Celui-ci.

J'offre mes condoléances à tous ceux qui ont perdu un parent ou un ami dans cette épouvantable tragédie.

Nous avons tous vieilli de 100 ans durant les derniers jours. Puisse cela nous aider à comprendre que nous venons tous de la terre de nos aïeux, et que nous nous dirigeons tous, autant que nous sommes, vers le ciel de nos aïeux.

LA CELLULE DE MANDELA

Le 25 février 2008. C'est en réalisant un documentaire sur la tournée mondiale de Céline Dion que je me retrouve ici. Devant la cellule de la prison de Robben Island où Nelson Mandela a vécu 18 de ses 27 années à l'ombre. Entre deux concerts en Afrique du Sud, la star est venue s'y recueillir. La caméra la filme discrètement. Émue, Céline sort du cachot et poursuit sa visite des lieux, l'équipe de tournage à sa suite.

Avant de les rejoindre, je m'attarde un moment dans la minuscule cellule. C'est grand comme une penderie (pas une penderie de Céline, une garde-robe normale.) Tout a été laissé exactement comme lorsque Nelson Mandela y a passé des milliers de jours et de nuits. Pas de lit, une simple couverture au sol. Une petite table de chevet verte, une assiette et un bol déposés dessus. C'est tout. C'est ici que Mandela a libéré un peuple.

C'est ce qu'il y a de plus fascinant dans l'histoire de ce héros. Mandela n'était pas un révolutionnaire caché dans la brousse et préparant un coup d'État. Mandela était un révolutionnaire enchaîné, détenu par les autorités. Un être complètement neutralisé. Et pourtant, il a mené les siens à la victoire.

Comment ? Parce que les barreaux empêchent le corps de passer, pas l'esprit. L'esprit de Mandela n'a jamais été enfermé. Ça se sent du fond de sa cellule. L'endroit a beau être funeste, vide et pauvre, on perçoit une présence qui le remplit. Quelque chose d'invisible qui s'appelle l'espoir. Mandela en a laissé des tonnes.

Tout dans ce décor est conçu pour briser, pour réduire, pour humilier, pour assujettir. C'est fait pour qu'on s'y sente comme un chien. Mandela y est devenu un sauveur.

Quand on visite le palais de Versailles, on admire la richesse des lustres, des miroirs, du mobilier, des fresques et des fontaines. Quand on visite la cellule du matricule 46 664 de la prison de Robben Island, on admire la richesse du cœur de l'être humain. On n'a besoin de rien, tout est en nous. Faut juste le trouver, ce tout en nous. Mandela l'avait trouvé. C'est pour cela qu'il était invincible. Vous ne pouvez pas démunir quelqu'un de ses plus belles possessions, parce qu'elles sont en lui.

Mandela était plus libre que ses gardiens. Leur esprit était soumis aux ordres. Pas celui de Mandela. Il n'y a que son corps qui croupissait en prison. Sa vision volait haut. Mandela n'avait pas de lit pour rêver, pourtant il a fait le plus grand rêve qui soit. Le rêve qu'on réalise.

Plus le gouvernement faisait taire Mandela, plus on l'entendait. Plus on l'isolait, loin du continent, sur une île perdue, plus il était présent partout dans le pays. Le tuer aurait provoqué le plus terrifiant des soulèvements. Les Blancs étaient pris avec lui. Un seul homme dans une cellule vide était plus fort que toutes leurs armées. Parce que cet homme était aimé. Il avait gagné le respect d'un peuple persécuté. Et ce que ces milliers de gens n'étaient pas prêts à faire pour eux, ils étaient prêts à le faire pour lui. Parce qu'il était le symbole de tous ces « eux » ensemble. Mandela était l'incarnation d'un combat juste. Aucun tyran ne peut venir à bout de ça. Mais ça prend du temps et de l'acharnement.

On lui a souvent offert sa liberté en échange de la mise en veilleuse de sa lutte pour l'égalité. Il a toujours refusé. Il préférait être un homme libre en prison, qu'un homme soumis en liberté.

Je ne me suis jamais autant senti comme dans une église alors que j'étais dans la cellule de Mandela. Jamais un endroit n'a autant porté à réflexion. S'il y a une place qui vous fait croire en l'être humain, à sa bonté, à sa grandeur, c'est cet espace entouré de barreaux blancs.

Jeudi, quand sur le site de *LaPresse. ca* est apparue l'annonce de la mort de Mandela, c'est là-bas que mon esprit s'est immédiatement retrouvé. Sur cette île éloignée entourée de pingouins. Sur cette île où on a tenté « d'éteindre » un homme, sans y parvenir. Je me suis dit que la mort n'y parviendra pas non plus.

À travers sa petite fenêtre à barreaux, Mandela regardait le ciel dans les yeux. C'est sûrement de cette immensité qu'il puisait le courage de vivre cloisonné. Aujourd'hui, il en fait partie.

Mandela a libéré tous les hommes. Il a libéré la condition des Noirs exploités et la mauvaise conscience des Blancs qui laissaient faire. Tout le monde aujourd'hui est mieux dans sa peau, grâce à lui.

Quand j'entends le concert d'éloges à son sujet, venant des quatre coins du globe, la même question qui me bouleversait dans sa prison me revient : comment ? Comment un seul homme, en prison, a-t-il pu faire tout ça ? Comment une seule vie a-t-elle pu avoir autant de sens ? Une seule réponse possible : l'amour.

« S'il suffisait d'aimer » chante Céline. Parfois, il suffit. Mais pour ça, il faut aimer autant que Mandela.

C'est la question qui suit qui fait mal. Pourquoi n'en sommes-nous pas capables ? Pourquoi, je n'en suis pas capable ?

Monsieur Mandela, où que vous soyez, faites comme vous avez toujours fait, continuez à nous aider.

LA PLUIE RÉPLIQUE À SES DÉTRACTEURS

Chers Québécois et Québécoises,

Bonjour, c'est moi, la pluie. Je voudrais répliquer à la campagne de dénigrement que vous menez à mon égard. Je sais que vous me détestez depuis toujours, et cet été encore plus que jamais. Ben savez-vous quoi? Je suis encore plus tannée de vous autres que vous êtes tannés de moi! C'est fort. Ça fait 400 ans que j'endure, aujourd'hui, je déborde!

Je ne suis plus capable de vous entendre vous plaindre de moi: «Ah! pas encore de la pluie! Maudite pluie! Y fait pas beau!» C'est quoi, ça, il ne fait pas beau? C'est tout à fait subjectif. Pourquoi le soleil, c'est du beau temps, et la pluie, du mauvais temps? Vous irez en Éthiopie, au 100e jour de sécheresse, voir s'ils trouvent qu'il fait beau. Laissez-moi vous dire que, lorsque j'arrive là-bas, c'est moi, le beau temps.

Pourquoi êtes-vous en adoration devant le soleil? Le soleil vous brûle, vous donne le cancer et vous tue.

Vous êtes absurdes. Vous vous déshabillez quand il fait soleil et vous vous habillez quand il pleut! Gros quotients! C'est le contraire qu'il faut faire.

Le soleil, c'est du feu. La pluie, c'est de l'eau. Vous habillez-vous pour prendre votre douche? Votre peau aime l'eau. Votre peau haït le feu. Vivez en harmonie avec votre corps. Quand il pleut, au lieu de vous couvrir et de vous réfugier dans la maison, enfilez votre maillot et venez dehors. Pas besoin de crème et d'indice de protection. Vous n'êtes jamais autant en sécurité dehors que lorsqu'il pleut. Bien sûr, un éclair peut venir vous chatouiller un peu. Mais là, pas besoin d'avoir peur, franchement! Avez-vous déjà gagné à Loto-Québec? Non? Ben vous ne serez pas foudroyé non plus.

J'ai un cœur, moi aussi. Comment pensez-vous que je me sens quand j'entends quelqu'un dire: «On a eu un été pourri, il a plu tout le temps»? C'est pas parce qu'il pleut qu'on ne peut pas avoir un été merveilleux. Que fait l'homme quand il fait soleil? Il joue au golf. Que fait l'homme quand il pleut? Il fait l'amour. Vous n'allez pas me dire, messieurs, que vous préférez jouer au golf plutôt que faire l'amour à votre femme? Et vous, mesdames, vous n'allez pas me dire que vous préférez que votre mari joue au golf plutôt qu'il vous fasse l'amour?

Il n'y a rien de plus romantique, de plus sensuel que moi. Quand on tombe amoureux, on dit qu'on a un coup de foudre, pas un coup de soleil. Le coup de soleil, ça vous rend rouge comme un homard, puis vous pelez pendant deux semaines. Le coup de foudre vous rend heureux et léger.

Pourtant, vous chantez le soleil: « Soleil ! Soleil ! » Vos grands poètes écrivent même des odes à la neige : « Ah ! que la neige a neigé… », « Mon pays, c'est l'hiver. » Pour moi ? Rien. À part une toune de Vilain Pingouin. Rien pour remonter un ego. Voulez-vous bien me dire ce que je vous ai fait pour que vous aimiez même la neige plus que moi ? C'est du racisme ! Après que je sois tombée, vous n'avez rien à faire. Vous allez dehors et vous sifflez. Pas de pelletage, pas de millions à dépenser pour tout ramasser avec des camions. *Niet.* Votre gazon est plus beau. Et l'air sent meilleur. Mais pas le moindre merci. Pas la moindre poésie.

Je suis tannée des petites météorologues qui parlent de moi comme si j'étais la peste ou ben Laden : « On ne vous dira pas ce qui s'en vient pour la fin de semaine ! C'est effrayant ! Faut surtout pas que vous soyez fâchés contre moi. Je n'y suis pour rien ! »

On le sait bien, que tu n'y es pour rien. T'es pas Zeus ! T'es juste une jolie fille qui lit des cartons. La pluie est un effet spécial qu'aucun Spielberg n'est capable de reproduire. Au cinéma, parfois, ils font pleuvoir sur un coin de rue, et ça leur coûte un bras ! *Wow !* Moi, je suis capable de pleuvoir de Gaspé à Gatineau ! Pour pas une *cenne* ! Profitez-en au lieu de gueuler !

Y a juste Gene Kelly qui a compris qu'on peut avoir du fun sous la pluie. Si toutes les belles filles se promenaient en costume de bain quand il pleut, il y aurait plus de gars sur les terrasses les jours de pluie que les jours de soleil.

Quand il mouille, c'est le temps de laver votre char, ça ne peut pas être plus écologique. C'est vrai, vous n'arrêtez pas de dire que l'eau est rare, qu'il faut l'économiser, il y a même des polices pour surveiller ce que le voisin fait avec son boyau. Et quand cette manne vous tombe du ciel, arrose vos jardins, nettoie vos trottoirs, gratis, vous trouvez le moyen de râler.

Ça va faire! Le monde change, ben vous allez changer. Le virage vert, vous allez le prendre pour vrai. Vous n'arrêtez pas de dire que vous êtes verts et vous déprimez quand il pleut. C'est pas logique. Qu'est-ce qui rend la planète verte? Moi! La pluie! Le soleil la rend jaune caca. Le réchauffement de la planète, ce ne sera pas ma faute à moi, ça va être la faute du soleil, que vous aimez tant. Vous allez disparaître à cause du soleil, pas à cause de la pluie!

Avant, vous aimiez les gros chars qui polluent, maintenant vous aimez les petites caisses électriques. Avant, vous aimiez le soleil, maintenant vous allez aimer la pluie. Le beau temps, ça va être moi. Le mauvais temps, ça va être lui.

Sinon, je m'en vais. Ou plutôt, je reste!

LE POIDS D'UNE BALLE
DE PING-PONG

Samedi midi, il fait beau. Les gens magasinent en ville. En face de La Baie, dans le square Philips, il y a une manifestation. Toute petite. Je ne sais même pas si on peut appeler ça une manifestation, tellement c'est paisible.

Patrick, un responsable d'Amnistie internationale, énumère les atteintes aux droits de la personne commises par le gouvernement chinois. Et une poignée de manifestants brandit des pancartes en scandant : « Ça suffit ! »

Près de la grande statue, une famille fait une démonstration de falun gong, pratique du corps et de l'esprit interdite en Chine. Il y a aussi deux tables de ping-pong. On y simule des matchs entre les prisonniers politiques et l'État chinois.

Les gens traversent la place sans vraiment s'attarder. Le regard lointain, ils sont occupés et pressés. Normalement, moi aussi, je ferais comme eux. Je me dirais : C'est quoi, ça, encore ? Et sans vraiment vouloir de réponse à ma question, je serais déjà rendu dans un autre magasin. Cherchant un nouveau CD ou un nouveau jeu vidéo.

Mais pas aujourd'hui. Parce que, aujourd'hui, je ne suis pas là par hasard. Je suis venu exprès pour ça. Ma blonde milite pour Amnistie internationale. Et moi je milite pour ma blonde. Je suis venu l'encourager dans son activité. Parce qu'elle a tellement raison d'y participer.

Dans quelques mois, aux Jeux olympiques de Pékin, le monde entier aura les yeux tournés vers la Chine. On va nous montrer la grandeur et la splendeur de cet empire. Il ne faudrait pas oublier tout ce qu'on ne nous montrera pas. Toute cette répression cachée. Toute cette liberté étouffée.

Les gens d'Amnistie remettent un tract aux passants pour les informer à ce propos. Les passants lèvent les yeux et se débarrassent du feuillet aussitôt qu'ils croisent une poubelle. Ils ne sauront jamais que Chen Guangchen est en prison parce qu'il a dénoncé la politique de stérilisation et d'avortement forcés. Que Gao Zhisheng, avocat spécialisé dans la défense des droits de la personne, est en prison, lui aussi, parce qu'il est justement un avocat spécialisé dans la défense des droits de la personne. Que Shi Tao, journaliste, est emprisonnée pour avoir envoyé aux États-Unis un courriel racontant la réaction du gouvernement chinois au massacre de la place Tiananmen. Que Yan Tongyan est un écrivain emprisonné pour avoir souhaité plus de démocratie en Chine. Que Ye Guozhu est en prison parce qu'il a voulu défendre le droit au logement des gens expulsés de leur logis lors de la construction des installations olympiques.

Pendant qu'ici, on est en plein débat sur les accommodements raisonnables, là-bas, c'est de l'abus déraisonnable. On n'en est pas aux subtilités de la liberté. On en est encore au fondamental.

Tant que l'histoire de toutes ces victimes du pouvoir chinois finira dans une poubelle du square Philips, rien ne changera. Ça va prendre la pression du monde entier pour faire bouger les choses. Mais comment nous faire réaliser qu'on peut aider des gens qui habitent de l'autre côté de la planète? Et surtout, comment nous donner envie de le faire? Tout le monde ne peut pas avoir une blonde dans Amnistie.

Il y a tellement de problèmes plus proches de nous. Tellement de maladies, tellement de pauvreté. Tellement de remèdes à trouver, tellement de nourriture à distribuer. Chez nous. Et puis, à l'étranger, il n'y a pas que la Chine, il y a l'Irak, le Darfour, la Palestine, la Tchétchénie. Tellement d'endroits, tellement de causes.

Et c'est justement parce qu'il y en a trop qu'on ne s'occupe d'aucune. Cela nous sert d'excuse pour ne rien faire. Alors qu'elles sont toutes interdépendantes. Qu'elles ont toutes besoin les unes des autres pour se régler vraiment. Qu'il faut être de chacune. Parce que la liberté d'un Chinois, c'est aussi la nôtre.

Quatorze heures, la manifestation est terminée. Les organisateurs remballent leur matériel. C'est fini. Ça ne fera pas les manchettes. Le gouvernement chinois ne saura probablement jamais ce qui s'est passé ce midi à Montréal. Et les prisonniers encore moins. Marie-Pier et ses amis ont-ils perdu leur temps?

Pas du tout. Parce qu'ils ont prouvé quelque chose. Ils ont prouvé à tous ceux qui s'en foutent qu'il y a ici des gens qui ne s'en foutent pas. On sait tous que les droits des Chinois sont bafoués. Ce qu'on ne savait pas, c'est qu'il y a des gens ici pour qui c'est important. Des gens qui ont pris le temps de s'en occuper. D'installer des tables de ping-pong au square Philips et de jouer pour éveiller des consciences.

Les grandes idées avancent à petit pas. Aujourd'hui, leur idée a avancé d'un pas. La Chine, c'est loin. Mais c'est d'un pas moins loin que ce matin.

Une balle de ping-pong, ça ne pèse presque rien. Mais quand un champion est en train de jouer, je ne vous souhaite pas de recevoir son service dans l'œil. Vous verriez que presque rien, ça peut faire très mal.

Presque rien, ce sera toujours mieux que rien.

Et c'est pour ça que tous les chevaliers des causes perdues ne doivent jamais se décourager. C'est avec tous leurs efforts, même les plus confidentiels, que les murailles finissent par tomber.

LE SALON DE L'AUTO

Mon grand frère Bertrand est tout excité. Ça ne lui arrive pas souvent. Plutôt le genre cool à la Bugs Bunny. *What's up doc?* En grignotant sa carotte. Mais là, il parle vite et se fait aller les bras : c'est le salon de l'auto la semaine prochaine ! Bertrand est fou des autos. À 17 ans, il a encore sa collection de Dinky Toys, Corgi Toys et Matchbox. Il a des modèles à coller de Mercedes, une piste de course électrique avec deux Ford Mustang Mach 1, des *posters* de Ferrari, une Corvette téléguidée et un porte-clefs Porsche. Tout ce qui lui manque, c'est un vrai *char*. Mon père dit qu'il est trop jeune. Alors en attendant, il lit le *Guide de l'auto* chaque année, de la première à la dernière page. Son héros est Jaques Duval, l'animateur de Prenez le volant.

Moi, mon héros, c'est mon frère. J'ai sept ans de moins que lui et je le trouve *hot*. Avant, on était tout le temps ensemble ; maintenant, il a commencé à s'intéresser aux filles, alors il a moins de temps pour jouer dans la ruelle avec moi.

Bertrand continue de parler, les yeux pétillants: il va même y avoir des prototypes de voitures du futur. J'y vais samedi avec mon *chum* Ronald, ça te tente-tu de venir avec nous?

Je *capote*! Comme une Volkswagen qui vient de prendre le champ! Sortir entre gars avec mon frère, c'est ça, le bonheur. Je ne suis pas maniaque des autos comme lui. J'aime bien la bande dessinée avec le pilote automobile Michel Vaillant, mais plus pour l'histoire que pour les bagnoles. Je ne connais pas tous les modèles de véhicules comme Bertrand. Mais c'est pas grave. Si mon frère m'invitait à aller voir un film suédois avec sous-titres finlandais, j'irais. Ce qui m'importe, c'est d'être avec lui.

Le samedi tant attendu arrive. Ma mère donne ses recommandations à Bert: «Ne perds jamais Stéphane de vue, donne-lui la main dans les escaliers méca-niques, et revenez ici tout de suite après.» Elle donne un dix sous à mon frère, au cas où on devrait télépho-ner parce qu'il est arrivé quelque chose.

Je sors de la maison avec Bertrand et Ronald. Il y a un pas, j'avais 10 ans, maintenant, j'ai 17 ans, moi aussi. Je suis *one of the boys*. On prend l'autobus, puis le métro pour se rendre au salon de l'auto. Ce n'est pas par conscience sociale, c'est plus par condition sociale. On arrive dans la grande salle d'exposition. C'est plein de voitures qui brillent. C'est surtout plein de gens qui cachent les voitures qui brillent. Faut se faire un che-min et attendre longtemps pour voir de près les bolides vedettes.

Mon frère tient à voir la Porsche 917, celle de Steve McQueen dans le film *Le Mans*. Mais il n'est pas le seul. Il y a des dizaines de personnes qui s'étirent le cou. À la taille que j'ai, j'ai beau m'étirer de tout mon corps, je ne vois que le plafond du salon. Mon frère me hisse sur ses épaules. *Wow*! Bel engin. Je ne comprends pas pourquoi les quatre filles autour ont eu le droit de sauter par-dessus la barrière pour la voir de si près. Y en a même une assise sur le capot. Ronald m'explique que ce sont des hôtesses. Je ne savais pas qu'il y avait des hôtesses dans les autos de course comme dans les avions. Mais pourquoi quatre hôtesses, quand il y a juste deux places dans le *char*? Ronald lève les yeux au ciel. Tu comprendras plus tard…

Bertrand s'extasie devant chaque véhicule exposé au salon. La Cobra de Carroll Shelby, *wow*! La Ferrari Dino, *wow*! La Rolls-Royce Silver Shadow, *wow*! Quand Bertrand dit « *wow* », je dis « *wow* », moi aussi! Je ne dis pas *wow* à cause des voitures, je dis « *wow* » à cause de la joie de mon frère. C'est ça qui m'impressionne: le voir tout content. Y a rien de plus beau que quelqu'un d'heureux. Même pas une auto.

La machine, comme dirait ma grand-mère, qui m'intrigue le plus est la Manic GT, une voiture québécoise. Quand je serai plus grand, c'est ça que je vais conduire, c'est certain. Pour l'instant, paraît qu'il n'y en a pas beaucoup, mais dans 10 ans, il y en aura plein, j'en suis sûr. Tous les Québécois auront les deux mains sur le volant, sur leur volant.

On vient de terminer le tour du salon. Mon frère doit se résigner à rentrer à la maison en autobus. Qu'est-ce qu'il donnerait pour s'en aller au volant de la Alfa Romeo! Tout le long du retour, il parle avec Ronald de toutes les voitures qu'ils ont admirées.

As-tu vu celle-là? Pis as-tu vu celle-là? Pis as-tu vu celle-là? Il me demande comment j'ai trouvé ça. Je lui dis que c'était incroyable! Que je m'en souviendrai toute ma vie. Il est content.

Honnêtement, j'ai trouvé ça correct. Sans plus. C'était un peu comme visiter un stationnement. Mais un stationnement avec juste des belles voitures dedans. Un *char*, c'est de l'intérieur que ça s'apprécie. Surtout quand ça roule. Rester à pied devant, c'est un peu frustrant. J'ai l'impression d'avoir attendu un départ qui n'est jamais venu. Mais je garde ça pour moi. Je veux trop que mon frère m'invite encore l'année prochaine. Pas pour les Ferrari, McLaren, Triumph, Jaguar, mais pour sa compagnie à lui.

C'est le salon de l'auto au Palais des congrès en fin de semaine. Si vous avez un frère, un *chum*, une sœur, une blonde, un ou une ami (e) qui *tripe* voitures, accompagnez-les. Vous vous en souviendrez toute votre vie.

Aimer quelque chose parce que quelqu'un qu'on aime aime ça est un sentiment inspirant. C'est comme si on s'ajoutait un cœur en dedans.

⌐⊦↶

LE MOINEAUGATE

Ça s'est passé au badminton. Le racket de la défaite. Le « Moineaugate ». Huit joueuses (quatre duos féminins) ont été exclues des Jeux de Londres pour ne pas avoir fait tout leur possible pour gagner un match du tournoi à la ronde.

Les Chinoises Yu Yang et Wang Xiaoli, n° 1 mondiales, ont fait exprès pour s'incliner devant les Sud-Coréennes Jung Ky-ung et Kim Ha-na, pour ne pas devoir affronter lors du match suivant leurs compatriotes chinoises et ainsi augmenter les chances que la grande finale oppose deux équipes du pays de Confucius. Vous me suivez ? Le problème, c'est que les Sud-Coréennes n'avaient pas plus le goût d'affronter l'autre équipe chinoise. Elles aussi essayaient de ne pas gagner. Ce qui a donné lieu au match le plus ésotérique de l'histoire du badminton. Le volant fou atterrissant un peu partout. Dans le filet, hors-ligne, même sur le chapeau de la reine, ce qui lui allait d'ailleurs très bien.

Deux autres paires de *very badmintonneuses*, les Sud-Coréennes Ha Je et Kim Min-jung et les Indonésiennes

Meiliana Juahari et Polii Greysia, se sont aussi pogné le moineau durant leur affrontement dans l'espoir de perdre et d'éviter l'équipe rivale devant affronter la gagnante.

Ce scandale olympique soulève une grande question métaphysique : l'athlète est-il condamné non seulement à devoir gagner, mais à vouloir gagner ? La liberté de ne pas vouloir gagner lui est interdite.

Objectivement, les huit joueuses n'ont rien fait d'illégal. Elles n'ont pas consommé de drogue pour diminuer leurs performances, ni avalé six cachets de valium pour jouer au ralenti. Elles n'ont pas non plus parié sur la victoire de leurs opposantes. Elles ont juste joué comme des poches. Comme on joue au terrain de camping quand le volant vole moins que les maringouins, et se retrouve toujours à nos pieds.

Le droit d'être poche est pourtant un droit fondamental en société. Il est revendiqué par tous : politiciens, avocats, dentistes, cols bleus, chanteurs, fonctionnaires, chroniqueurs, etc. Il n'y a qu'aux Jeux olympiques qu'il devient une cause de rejet.

Il n'y a qu'aux Jeux olympiques qu'on expulse des athlètes parce qu'ils n'ont pas fait tout leur possible pour gagner. Si cette règle était appliquée dans la LNH, ça ferait longtemps que le Canadien serait débarrassé de Scott Gomez.

Pourtant, la devise du baron Pierre de Coubertin, le rénovateur de l'olympisme, appelle à plus de clémence : L'important n'est pas de gagner, c'est de participer. Pour une fois que des athlètes appliquent à la lettre cette noble maxime, on les chasse comme des chiens pas de médaille. Faudrait se brancher. Si l'important, c'est juste de participer, les joueuses de badminton n'ont pas commis de crime. Elles se sont juste reposées, comme l'a dit l'une des joueuses. Si on peut se reposer avant ou après un match, pourquoi pas pendant?

Parce que... la télé. L'important, ce sont les commanditaires. Voilà, la vraie devise olympique. Si les athlètes se mettent à ne plus vouloir gagner, le public va se mettre à ne plus vouloir regarder, et les commanditaires vont se mettre à chercher un autre événement pour se mettre en valeur.

Le scandale des deux *antimatchs* de badminton, il est là. On a ri du monde. Du monde entier. Quoiqu'il ne faut pas exagérer. Trois milliards de personnes ne regardent pas le badminton. Même que plus de gens ont dû regarder sur YouTube les matchs du *Moineaugate* que le match de la médaille d'or. Mais c'est tout de même pour envoyer un message clair aux amateurs, aux diffuseurs et aux commanditaires que la sanction fut si rapide et dure. On ne tolérera pas le non-effort des olympiens. Sacrifiez-vous! Blessez-vous! Droguez-vous sans vous faire pogner. Bref, forcez-vous! L'important, c'est de gagner... en Adidas, si possible.

Si les Jeux de Londres coûtent si cher, ce n'est pas pour offrir un calibre de badminton digne du camping Sainte-Madeleine.

Ce qu'il y a de plus réjouissant dans cette décision de la fédération de badminton, c'est qu'elle condamne les équipes stratégiques. C'est par pure stratégie que la Chine, la Corée du Nord et l'Indonésie ont agi comme elles l'ont fait. Au fond, ces trois nations voulaient gagner, mais plus tard. Elles voulaient, en perdant tout de suite, augmenter leurs chances de médailles.

Dommage que les dirigeants de la fédération de badminton ne soient pas aussi à la direction d'Élections Québec, parce qu'il y a beaucoup plus que quatre paires de politiciens qui jouent de stratégie durant la présente campagne électorale québécoise. Ils le font tous, ou presque. Ils n'ont pas le choix. Et c'est ce qui gangrène la joute politique. Tout est si calculé, pensé, pesé, aseptisé. Bien sûr, ils ne jouent pas pour perdre. Oh non! Au contraire. Ils jouent trop pour gagner. Pourtant, ça ne devrait tellement pas être leur but premier. En politique, l'important n'est pas de gagner, c'est d'avoir des idées. Mais les rares qui osent oser sont vite écartés. Le pouvoir revient toujours à ceux qui ont été les plus habiles, les plus stratégiques.

Comment faire pour qu'il en soit autrement?

Je pense que je vais aller regarder les Jeux olympiques.

COCOEXISTENCE

Sur l'affiche jaune, il est écrit : Les Productions Yé! présente Le Cocothon. Samedi 19 avril 2014, Centre de la nature de Laval. La grande chasse aux cocos de Pâques. Venez célébrer le printemps! Cirque, tamtam, mascottes, cadeaux. À la gauche du texte, un lapin gris nous regarde avec ses grands yeux coquins, entouré d'œufs multicolores. Tout ce qu'il y a de plus innocent. Une fête d'enfants.

Les familles arrivent tôt. Elles veulent être certaines que la chasse sera bonne. Elles ne sont pas là pour le tamtam et les mascottes. Elles sont là pour les cocos. Les enfants sont venus trouver des œufs, vite, cherchons des œufs. Derrière les barrières, ça s'impatiente. Quand on joue à la chasse au trésor sur notre iPad, on n'attend pas. Un clic, et c'est parti. Les gosses sont tannés, les adultes, encore plus.

Un parent excédé fait sauter la clôture à son môme. Va les chercher tes œufs qu'on rentre à la maison, y'a une *game* à soir! L'enfant décolle comme un lapin. Les autres parents se disent: «Ah ben, si c'est comme ça!» Les barrières prennent le bord. Les Vikings débarquent! À nous le butin!

Le problème, c'est que ça manque d'œufs. Le maire Vaillancourt a dû passer avant eux. Les grands dérobent des cocos aux petits. La loi de la jungle, un samedi midi, à Laval. Le bordel. Après le massacre du Vendredi saint, l'émeute du Samedi saint. Après les carrés rouges, les carrés Cadbury. Heureusement, pas de mort ni de blessé. Que des cris, des larmes et de la bave.

Des parents frustrés, de retour chez eux, menacent sur Facebook de faire un recours collectif pour récupérer leurs gros 3 $ dépensés. Ben là! À quoi s'attendaient-ils?

Avez-vous déjà organisé une fête d'enfants? Au début, c'est cool. Ils arrivent un par un. Gênés. On leur demande s'ils veulent un jus. Ils répondent tout doucement « Oui s'il vous plaît » en regardant par terre. Trop mignons. Trente minutes plus tard, ils hurlent, braillent et se mordent. Des cris, des larmes et de la bave. Ils sont 10, vous avez acheté un cadeau pour chacun, mais c'est le cadeau de l'autre qu'ils veulent. Quand ils repartent, ils ont du gâteau dans le visage, des chandelles dans les oreilles, et une bosse sur le coco. Leurs parents sont contrariés. Que c'était mal organisé! Avoir su, on ne serait pas venu. Vous avez honte. Et vous vous dites chaque fois, c'est la dernière fois.

On dit que le public le plus difficile est un public d'enfants. Il en existe un encore pire: un public d'enfants avec leurs parents. Si un party de *kids* à domicile vire en rodéo, imaginez un party de *kids* à 10 000. Ça ne pouvait pratiquement pas faire autrement!

Une famille est une cellule autonome qui se suffit à elle-même. Une tribu. Elle veut ce qu'il y a de mieux pour les siens. C'est beau. Sauf lorsque des centaines de familles sont réunies au même endroit, elles sont rarement attentives aux besoins des autres. J'ai dit à mon petit qu'il aurait des œufs, il va y avoir des œufs. Qu'on les trouve sous une roche ou dans le panier de la voisine, ça fait pareil.

En ce beau samedi à Laval, il y a des enfants espérant ramasser des œufs et des parents qui ne veulent pas perdre la face devant leurs enfants. Une personne raisonnable aurait compris qu'il y avait trop monde, que l'organisation était déficiente, et qu'il valait mieux aller se divertir ailleurs. Mais un parent en présence de ses enfants, n'est pas une personne raisonnable. Il est papa ours. Elle est maman ours. Prêts à tout pour honorer leur promesse.

C'est dans ces moments anecdotiques et futiles qu'on comprend le côté sombre de la nature humaine. Tout ça pour des œufs en chocolat. Imaginez la Palestine, l'Ukraine, le Soudan. Imaginez quand c'est une question de survie.

Les gens ont de la difficulté à coexister. À l'intérieur même de sa propre famille, la coexistence engendre des conflits profonds, des complexes, des blessures. On les accepte. On n'a pas le choix. On doit, à sa famille, son existence. Mais aux autres, on croit ne rien devoir. C'est pour ça qu'on n'accepte rien d'eux. Dans notre cœur, ils n'existent pas. C'est pour ça qu'on leur arrache leurs œufs.

Cela dit, le week-end dernier, il y a eu plein de chasses aux œufs collectives qui se sont bien déroulées. Celles-là, bien sûr, on n'en a pas parlé. Quelque part, c'est bien ainsi, que le bonheur soit la normalité. Quand les humains sont heureux, ils savent coexister et se réjouir ensemble.

Si j'étais la Ville de Laval, l'année prochaine, j'organise-rais la plus belle des fêtes. En pensant à tout. La chasse aux œufs n'est pas une fin en soi, c'est un jeu. Les trouver, c'est le dénouement. C'est la recherche qui devrait être amusante. Si j'étais un Lavallois, j'irais là avec le sourire. En voulant fêter avec les voisins. Si on se fout d'eux, vaut mieux fêter dans sa cour. Si on décide de se joindre à un grand rassemblement, ce n'est pas pour les œufs, c'est pour les gens. Pour les connaître, les aimer, faire atten-tion à eux. Les gens ne sont pas faits en chocolat.

Sur ce, je vais aller prendre une bouchée de mon œuf Laura Secord avec du jaune, si je ne veux pas qu'il m'en reste encore à l'Halloween. En voulez-vous un morceau?

ASSIS À ANNECY

Je suis assis sur un banc à Annecy. Je regarde la vue. Devant moi, un lac splendide dans lequel se mirent les Alpes. Comme un miroir permettant aux montagnes de peigner leurs neiges éternelles. C'est beau. La montagne et l'eau dans la même photo. Une vapeur flotte dans l'air comme pour mettre un filtre sur la scène. Pour rendre ça encore plus beau. Plus doux.

Je resterais assis ici durant un an. Pour voir les saisons changer. La neige tomber, les feuilles pousser, le soleil plomber et la montagne jaunir. Si je pouvais voir tout ça sans bouger. En restant là. Ce serait la meilleure vue au monde. À couvrir d'Oscars.

Dans mon dos, il y a le village, tout près. Ses rues et ses canaux bâtis pour admirer la nature. Suffit de faire un 360 à la Lelouch pour tout voir d'un coup. Les Alpes, le lac, le village. On se croirait dans une de ces boules que l'on agite pour faire tomber la neige sur les figurines.

Je suis assis sur un banc à Annecy, en Haute-Savoie, et je pense à chez moi. À ma ville, à Montréal. Qui, elle aussi, a l'infini bonheur d'allier l'eau et la montagne. Et je me demande où je pourrais m'asseoir pour la contempler comme je contemple Annecy. Montréal est belle. Mais on ne la met pas en valeur. On la cache. On la voile. On la perd.

Contrairement à bien des villes européennes, Montréal s'est développée loin de sa beauté. Pas moyen d'aller à Paris sans marcher le long de la Seine. Qu'on veuille aller à gauche ou à droite, il faut passer par là. Il faut l'enjamber. On peut vivre à Montréal sans jamais voir le fleuve. On peut vivre à Montréal sans jamais voir sa montagne. On les a isolés au lieu de les réunir. On les a isolés au lieu d'en profiter.

Bien sûr, on y a accès. Après bien des détours. Bien sûr, la vue du pont Champlain est splendide. Mais devoir être pris dans le trafic pour apprécier sa ville, ça ne prédispose pas à la rêverie. Ici, à Annecy, je suis dans le cœur de la petite ville. Et on y voit l'essentiel. Le ciel, la montagne, l'eau.

Il y a plein d'endroits charmants dans notre Montréal. Le Vieux, le Plateau, la rue Sherbrooke, la rue Saint-Denis, le lac aux Castors. Mais où amener l'ami touriste pour que, d'un coup, il tombe amoureux? Pour qu'il se prenne en photo avec Montréal et que, en une image, il capture l'âme de la métropole. Et qu'il la place sur son mur à son retour chez lui. Et que les gens qui passent devant disent: «C'est qui, la ville avec toi? Elle est jolie!»

Je cherche, dans ma tête, un endroit pour admirer Montréal dans toutes ses formes. Pas juste par petits bouts. Un endroit qui couperait le souffle à tout ce qui respire. Même à ceux qui ont tout vu.

Montréal a besoin de se mettre les pieds dans l'eau. Et la tête dans les feuilles. C'est pas juste une question de vue. C'est une question de vie. C'est pas juste de pouvoir voir le fleuve. C'est qu'il fasse partie de notre quotidien. Qu'on n'ait pas le choix de le voir. Et que l'on dégage ce qui obstrue la montagne. Ce qui l'aplatit. Ce qui la réduit. C'est bien beau de monter en haut, au belvédère, pour regarder la ville en bas. Mais ce serait bien, d'en bas, de pouvoir voir la montagne en haut. Ça nous pousserait bien à nous élever un peu.

Je suis assis sur un banc à Annecy et je pense à la chanson de Beau Dommage.

C'est pas facile d'être amoureux à Montréal
Le ciel est bas, la terre est grise, le fleuve est sale
Le mont Royal est mal à l'aise, y a l'air de trop
Westmount le tient serré dans un étau

Quand Rivard a écrit ça, il était assis à Paris, au bois de Boulogne. Lui aussi devait se demander où s'asseoir pour être amoureux à Montréal. Pour être amoureux de Montréal.

Je suis loin d'être le premier à dire qu'il faut cesser d'enlaidir un endroit que la nature a tellement avantagé. Pas le premier à dire que Montréal a besoin d'une métamorphose. Mais il faudrait qu'il y en ait tellement qui le disent pour que ça se fasse un jour.

Suffit d'aller ailleurs pour que ça nous saute aux yeux. Pour voir la beauté qu'on s'empêche de voir. Qu'on cache. Parce qu'on est trop occupé. Et pendant ce temps, les nids-de-poule se creusent et le Stade olympique s'effrite.

Je suis assis sur un banc à Annecy. Et j'ai l'impression de mieux voir Montréal que de n'importe où quand j'y suis.

PARLER CONTRE LES AUTRES

C'est fini. Ça fait du bien quand ça arrête, comme la fraise du dentiste. La campagne électorale du printemps 2014 a été si pénible que même le printemps n'a pas voulu en faire partie. Cinq semaines de médisance.

Couillard parlait contre Marois et Legault, Marois parlait contre Couillard et Legault, Legault parlait contre Marois et Couillard, et David parlait contre les trois. Au lieu de nous démontrer qu'ils étaient les meilleurs, les chefs se sont acharnés à nous montrer qu'ils étaient les moins pires. Au lieu de nous convaincre de voter pour eux d'emblée, ils ont tenté de nous convaincre de ne pas voter pour les autres. De voter pour eux en dernier recours. Par défaut. C'est la stratégie du petit. Montrer la paille dans l'œil du voisin pour détourner l'attention de la super-poutre qu'on a dans le sien.

Parler contre les autres, c'est facile. Il n'y a pas juste les politiciens qui s'adonnent à cette pratique. On le fait tous au quotidien. Dès qu'on se sent menacé, dès qu'on se sent en danger. On se trouve moche, une collègue s'est fait remonter le visage. On ne se trouve pas assez reconnu professionnellement, un confrère a reçu une promotion canapé. On se sent délaissé, le camarade populaire est un *téteux*. Toujours cet instinct de salir les autres pour mieux dissimuler nos propres taches. Pour expliquer nos limites.

Les médias sociaux sont remplis de commentaires négatifs à propos des autres. On y déploie son venin. Ce n'est pas la faute des médias sociaux, c'est la faute de ceux qui s'en servent. Les médias sociaux ne sont que le reflet de nos conversations d'usage. Que ce soit en personne ou au téléphone, on perd une bonne partie de sa vie à critiquer ce que font les autres. Ce que l'on reproche tant aux politiciens durant la campagne, force est d'admettre qu'on le fait nous aussi. De façon pas aussi concentrée, pas aussi exacerbée. Mais quand même, on est aussi coupable de ce travers humain. C'est juste que ça ne se retrouve pas à la une du journal.

On ne le fait pas pour obtenir des votes. On le fait pour obtenir de l'attention, de la compassion ou de l'avancement. C'est la même chose. On recherche tous l'approbation d'autrui. Et les autres se rejoignent souvent en mangeant du prochain. Cette pratique s'exerce normalement dans le dos des personnes concernées. Durant une campagne électorale, il n'y a pas de dos. Les chefs sont tournés à 360 degrés. Alors ils s'insultent dans la face. Dans le Face-à-face. Et ça crée des malaises.

Espérons que le triste spectacle de la dernière campagne nous servira d'exemple *acontrario*. Et si on arrêtait de se remonter en rabaissant les autres? Tout alpiniste sait bien que c'est la meilleure façon de croupir à terre. Si on veut monter, il faut aider les autres à monter. Il faut leur faire la courte échelle pour qu'ils puissent nous la faire à leur tour.

S'il est difficile de cesser de parler contre les autres, si on commençait au moins par arrêter d'écouter quelqu'un qui parle contre les autres, ce serait déjà ça. Arrêter d'être complice de la médisance. Quand plus personne n'écoutera les calomnieux, ils seront bien obligés de trouver autre chose à dire pour se rendre intéressants. Le problème est là. La plupart du temps, on encourage les gens à s'insulter. Les chefs ont été un peu victimes de ça. On se scandalisait de leurs commentaires, mais on faisait tout pour qu'ils en rajoutent. Quand deux lutteuses s'affrontent dans la boue, il y a toujours du monde autour pour les regarder.

Sauf que cette fois, on en a eu assez. On avait hâte que ça finisse. Cet écœurement est bon signe. Le *chialage* a ses limites. On est en manque de noblesse. De gentilshommes et de gentilles dames. J'espère que les prétendants et les prétendantes pour remplacer Pauline Marois à la direction du PQ ont compris le message. Parlez pas contre vos rivaux. Le mépris n'est pas rassembleur. Il divise.

Aussitôt que le verdict est tombé, aussitôt que la victoire libérale a été confirmée, les chefs sont redevenus grands. Les jeux étaient faits. Ils ne se sentaient plus menacés. Leur cœur voyait clair. Couillard, Marois, Legault et David ont fait leurs meilleurs discours des dernières semaines. Sans insulte, avec respect, conviction et ouverture. C'est pas compliqué, c'est ce ton-là qu'on veut tout le temps. Jouer de manière agressive, c'est bon pour Parros, c'est bon pour Chara. Nos leaders, on veut qu'ils jouent comme Béliveau, on veut qu'ils jouent comme Gretzky. Avec intelligence. Avec générosité. On veut qu'ils nous montrent l'exemple.

Et on cessera tous, peut-être un jour, de parler contre les autres pour parler de soi avec les autres. Pour parler de nous.

Joyeux printemps, tout le monde ! Il a cessé de bouder. Il est de retour.

Les printemps aiment les fleurs et les mots doux.

LE BONHEUR EST DANS LA MALLE

Lundi midi, j'accompagne André-Philippe Gagnon à une répétition pour le numéro d'ouverture du gala Juste pour rire animé par Éric Salvail. C'est à la Place des Arts, au cinquième étage, salle 1.

Nous entrons dans le local, une immense pièce vide dans laquelle il n'y a qu'une petite malle au beau milieu et des artistes autour qui s'échangent des répliques, le texte à la main. Nous sommes en avance. Nous nous asseyons discrètement près de la porte.

Daniel Lemire tire le coffre, Éric Salvail s'élance: « Mais c'est oncle Georges! » Lemire confirme: « Allô toi! » Le metteur en scène, Yvon Bilodeau, intervient: « Daniel, il faudrait que tu apportes la malle jusqu'ici et qu'Éric et toi, vous vous placiez comme ça, pour faire face au public. » Les deux comédiens recommencent la scène.

Salvail veut voir ce qu'il y a dans la malle, oncle Georges ne veut pas. Salvail insiste et l'ouvre. Une fille se déplie et en sort. C'est Dominique Michel! André-Philippe et moi, on se regarde en souriant. Ça fait trop longtemps qu'on ne l'a pas vue, notre Dodo. Il y a quelques mois, elle sortait d'un scanner, elle sortait de l'enfer, et la voilà qui, une fois de plus, sort d'une boîte à surprise. Comme dans tant de sketches, de spectacles et de Bye-bye.

Quand une personne est trop belle, le temps s'arrête pour la regarder. C'est ce qui arrive avec Dodo. Elle ne change pas. Même le cancer n'est pas parvenu à l'atteindre, à la vieillir. Le temps est trop pâmé. Il est figé.

Dodo tape du pied. Elle fait sa petite fille. Même sans la robe à froufrous et la perruque, on y croit. Dodo en t-shirt et en bermuda blancs, c'est une petite jeunesse aussi: «Bon, qu'essé qu'on fait, qu'essé qu'on fait?» Toujours la même énergie, la même fureur de vivre, la même passion d'enfant allumée.

Le metteur en scène s'approche: «O. K., c'est bon, on recommence!» Dodo dit: «Pas de problème, mais avant, faut que j'aille saluer mes p'tits gars.» Ses p'tits gars, ce sont les petits vieux que nous sommes, André-Philippe et moi. Faut dire que, en sa présence, on a le même âge qu'elle: 10 ans. Elle nous serre dans ses bras tendrement. Ça sent bon. Le Giorgio Beverly Hills, je crois. Mais pour moi, c'est le Dodo Montréal. L'odeur de la meilleure.

Je lui dis combien je suis content de la revoir. En bafouillant. Je bafouille toujours devant Dodo. Je suis comme Obélix devant Falbala. Foudroyé. Je finis par retrouver mes sens et avoir un discours presque intelligent, mais ça prend du temps. Et je reste ému, le cœur mou, attendri.

Je ne suis pas le seul à qui elle fait cet effet-là. Tous les gens dans le local de répétition sont sous son charme; André-Philippe, Éric, Daniel, Yvon, les scripteurs, les assistantes, tout le monde. On est tous autour d'elle comme des petits papillons autour d'une lumière. Éblouis.

Mais pas éblouis par sa puissance et sa célébrité de star, non: éblouis par sa délicatesse et sa vérité de femme. De jolie femme.

On est tous en amour avec elle. Parce qu'elle est un cœur sur deux petites pattes. Parce qu'elle ferait tout pour nous faire rire. Parce qu'elle est belle et bonne et que ça se sent. Encore plus que son Giorgio.

Elle est spéciale pour nous et chacun a la conviction d'être spécial pour elle. Et c'est vrai pour tout le Québec.

Des légendes d'amour, il n'y en a pas beaucoup…

Assez de *diguidi-haha*, Dodo retourne répéter. Elle entre dans la malle et en ressort au moins une dizaine de fois. Sans jamais se tanner. En se donnant toujours autant. En nous faisant rire chaque fois. Dodo est un *spring*. Dodo *is a* printemps!

En juillet 1990, j'étais dans une salle de répétition, comme aujourd'hui, pour un gala Juste pour rire, et Dodo roulait sur la scène en imitant Louise Lecavalier de Lalala Human Steps. Je n'en revenais pas de voir la comique de mon enfance toujours aussi folle.

Imaginez: 21 ans plus tard, c'est encore vrai.

Malgré les années et les peines, la petite noire a toujours en elle l'envie et le talent de nous rendre heureux.

Merci, Dodo, de nous permettre d'être toujours des enfants.

Mardi soir, sous les projecteurs, quand tu as bondi de ta malle, des milliers de personnes se sont levées pour t'applaudir. Et l'ovation n'arrêtait pas, tellement les enfants étaient contents.

Le bonheur est dans la malle. Et quand il en sort, ça fait du bien.

Ça fait du bien de savoir qu'il n'appartient pas au passé. Qu'il est toujours là. Présent, avec nous, malgré tout.

MA MÈRE ET MOI

« Qu'est-ce que t'as ? » Le petit gars devant moi veut savoir.

« J'ai rien ! » Et je passe mon chemin.

Je vais m'asseoir à mon pupitre. C'est la première journée d'école. La petite fille à côté me demande : « Qu'est-ce que t'as ? » Et le gars en avant aussi. Qu'est-ce qu'ils ont tous à me demander ce que j'ai ? J'ai un sac d'école, un t-shirt rayé, une culotte courte, des chaussettes et des bottines. Que veulent-ils donc que j'aie d'autre ?

La classe terminée, ça recommence. Qu'est-ce que t'as ? Qu'est-ce que t'as ? Je répète : rien. Le taupin du groupe s'avance : « Ben oui, t'as quelque chose ! » Il me pousse. Je tombe et me cogne la tête sur le ciment. « T'es pas capable de tenir debout, c'est ça que t'as ! » Et tout le monde rit.

Je me relève. Et je traverse le corridor. Un gamin me suit en imitant ma démarche. Les rires continuent. Je vais rejoindre ma mère, qui m'attend dehors. Je me frotte la tête. Ma mère me demande : « Est-ce que tu t'es fait mal ?

— Non, non, c'est rien… »

Une prune de plus ou de moins, ça ne me dérange pas tellement. C'est ailleurs que je suis blessé. À ma petite âme.

« Maman, qu'est-ce que j'ai ?

— Qu'est-ce que tu veux dire ?

— Ben ce que j'ai. Tout le monde à l'école me demande ce que j'ai…

— T'as rien.

— Ben là… Je dois avoir quelque chose parce que quand je leur réponds que j'ai rien, ils me poussent à terre.

— Tu diras à ces petits fatigants-là : y en a qui ont le nez trop long, d'autres le nez trop court, moi j'ai les tendons trop courts.

— Les tendons trop courts ?

— C'est ça. C'est pas grave. Dis-leur aussi : mieux vaut penser vite que marcher vite. »

Puis ma mère me demande ce que j'ai appris. Et je lui nomme 10 fruits.

Le lendemain, je suis pris dans mon deuxième *scrum*. Le taupin pose sa question : « Qu'est-ce que t'as ?

— Y en a qui ont le nez trop long, d'autres le nez trop court, moi j'ai les tendons trop courts.

— Hein ?

— Mieux vaut penser vite que marcher vite ! »

Mes camarades ont leur réponse. Un peu *nerd*, mais assez complexe pour qu'ils n'insistent pas. Ils s'éloignent, perplexes.

De toute façon, je ne pourrais pas leur en dire plus. Ma mère ne m'en a jamais dit plus. Notre petit échange au retour du premier jour d'école, c'est la seule fois que nous avons vraiment parlé ensemble de la désignation de mon infirmité.

Pour elle, ce n'est pas assez important pour s'y attarder davantage. Ce n'est pas du déni, c'est du positivisme. Pourquoi s'apitoyer sur ce qui ne va pas quand on a plein de choses qui vont? C'est vrai que j'ai les jambes et les bras *croches*, mais j'ai des yeux qui voient le ciel, des oreilles qui entendent la musique, une bouche qui rit, une tête qui rêve…

Pour ma mère, je n'ai jamais été handicapé. Et grâce à elle, je ne l'ai jamais été pour moi non plus. La plus grande vérité pour un fils, ce sera toujours celle de sa mère. Ce qu'on est à ses yeux, c'est ce qu'on est dans notre cœur.

Et comme mon père ne parlait pas beaucoup, il ne m'a pas parlé de ma condition non plus. C'est ma tante préférée qui m'a raconté que tout s'était passé le jour de ma naissance. Je me suis présenté au monde les fesses en premier. Un accouchement de cul. Ç'a compliqué ma sortie. Et ça m'a mis dans cet état.

Bref, ma première journée sur terre a été ma pire. Celle qui a le plus marqué ma vie. Celle qui fait en sorte que j'ai autant de misère à avancer aujourd'hui.

Quoique…

Je pourrais dire aussi que ma première journée sur terre fut la plus extraordinaire. Celle qui a le plus marqué ma vie. Celle qui fait en sorte que j'avance aujourd'hui. Car de toutes les mères sur la planète desquelles j'aurais pu sortir mon petit cul, je suis tombé sur la plus aimante, la plus forte, la plus heureuse. Celle qui allait le mieux avec l'être que je suis.

Maman, je te l'ai dit le soir de mes 50 ans. Je te le redis aujourd'hui: j'aime mieux être sorti tout *croche* et *poqué* de toi que bien droit et bien beau de n'importe qui d'autre.

Bonne fête des Mères, maman!

Bonne fête des Mères à toutes les mamans!

⸻

MIXTE
Papier issu de
sources responsables
FSC® C103567